Inhaltsverzeichnis

Zwischenruf der Holocaust-Überlebenden Esther Bejarano

Die 95-jährige Esther Bejarano im September 2020 nach einem Auftritt in Fürth (Foto: Birgit Mair)

„Wo stehen wir in diesem Jahr 76 nach der Befreiung des KZ Auschwitz? Was ist aus unseren Hoffnungen geworden? Wir sind nur noch wenige, wir Überlebende der Konzentrationslager. Wir schweigen nicht. Wir berichten über das, was damals geschah. Werden Bücher, Filme und Erzählungen ausreichen, um die nächsten Generationen zu immunisieren gegen die neuen und alten Nazis, gegen Antisemiten, Rassisten und Verschwörungsideologen?

Aus Worten werden Taten. Wir wissen das. Wir wissen um das braune Netz nach '45, das laute Schweigen, das Versagen des Staates bei der Entnazifizierung. Für uns ist es unerträglich, wenn wieder Naziparolen gebrüllt und Synagogen angegriffen werden, Todeslisten kursieren, Rechtsextreme in den Parlamenten sitzen.

Wiederholt sich die Geschichte? Primo Levi, auch Häftling in Auschwitz, hat gesagt: ‚Es ist geschehen, folglich kann es wieder geschehen.‘ Wir erinnern, um zu verändern, um unsere Demokratie zu bewahren. Der Schlüssel dazu ist für mich die Jugend. Die müssen wir gewinnen. Ihr seid nicht schuldig für das, was damals geschehen ist, sage ich. Aber ihr macht euch schuldig, wenn ihr nichts von dieser Geschichte wissen wollt.

Was in den Gaskammern endete, begann mit Repression, Ausgrenzung, Rassismus. Das kennen viele der Jungen. Oft höre ich dann: ‚Frau Bejarano, auch wenn Sie einmal nicht mehr da sind, wir werden Ihre Geschichte immer weitererzählen.‘ Das ist meine große Hoffnung!

Mit einer Veränderung aber können wir sofort beginnen: Der 8. Mai muss ein Feiertag werden, ein Tag, an dem die Befreiung der Menschheit vom NS-Regime gefeiert werden kann! Und wer Bedenken hat, ob gerade auch Deutsche diesen Tag feierlich begehen sollten, der stelle sich vor: Wie würde die Welt heute aussehen, wenn die Nazis damals gewonnen hätten?“[1]

Einleitung

In den Jahren 2000 bis 2007 wurden in Deutschland zehn Menschen durch Neonazis des „Nationalsozialistischen Untergrundes" (NSU) ermordet. Enver Şimşek, Abdurrahim Özüdoğru, Süleyman Taşköprü, Mehmet Turgut, Habil Kılıç, İsmail Yaşar, Mehmet Kubaşık, Theodoros Boulgarides und Halit Yozgat wurden aus rassistischen Gründen umgebracht. Die meisten von ihnen hatten seit mehr als fünfzehn Jahren in Deutschland gelebt und gearbeitet. Alle neun Migranten wurden mit derselben Waffe ermordet. Die deutsche Polizistin Michèle Kiesewetter war das letzte Mordopfer des NSU.

1999 kam es in Nürnberg, 2001 und 2004 in Köln zu Bombenanschlägen, die sich ebenfalls gegen Migrantinnen und Migranten richteten. Mehr als zwanzig Menschen wurden teilweise lebensbedrohlich verletzt. Während die Neonazis des NSU größtenteils im Westen Deutschlands mordeten und Bomben zündeten, raubten sie im Osten der Republik Banken aus, um den rassistischen Terror zu finanzieren. Auch hier bedrohten sie unschuldige Menschen und verletzten diese teilweise schwer.

Erst Anfang November 2011 wurde bekannt, dass Neonazis um den „Nationalsozialistischen Untergrund" (NSU) die oben beschriebenen Verbrechen verübt hatten. Endlich erfuhren die Angehörigen, wer ihre Väter, Söhne, Brüder, Onkel, wer ihre Tochter umgebracht hatte. Gleichzeitig begann für sie ein erneuter, schmerzhafter Aufarbeitungsprozess.

Anstatt Neonazis zu suchen, hatte die Polizei bis November 2011 das Umfeld der Mordopfer verdächtigt, in kriminelle Machenschaften verstrickt zu sein. Während Rassismus als Tatmotiv weitgehend ausgeblendet worden war, waren die Ermittlerinnen und Ermittler jahrelang wie besessen von der Vorstellung, Türken oder andere Migranten seien die Täter. Konkrete Beweise hierfür lagen zu keinem Zeitpunkt vor.

Die zentralen Ermittlungseinheiten nannten sich „Halbmond" und „Bosporus". Diese Bezeichnungen und ein ausgeblendetes rassistisches Motiv beeinflussten auch die Medien. Zeitungen entmenschlichten die Ermordeten mit dem von ihnen kreierten Begriff „Döner-Morde".

Dreizehn parlamentarische Untersuchungsausschüsse versuchten seit 2012 herauszufinden, wie es sein konnte, dass die Terrorserie so lange unaufgeklärt blieb. Im Mai 2013 begann der Prozess gegen mutmaßliche

Mitglieder und Unterstützer des NSU vor dem Münchner Oberlandesgericht. Im Juni 2013 wurde im Rahmen des Prozesses bekannt, dass ein bislang unaufgeklärter Sprengstoffanschlag im Jahr 1999 in Nürnberg ebenfalls dem NSU zuzurechnen ist.

Im Herbst 2012 beschloss ich, eine Ausstellung über die Opfer des NSU zu machen. Anfang November 2013, zwei Jahre, nachdem das rassistische Tatmotiv ans Licht gekommen war, wurde die Wanderausstellung „Die Opfer des NSU und die Aufarbeitung der Verbrechen", deren Begleitband Sie gerade in den Händen halten, in Nürnberg eröffnet.

Im Juli 2018 endete der Prozess gegen fünf Angeklagte vor dem Oberlandesgericht München. Angehörige der Mordopfer waren entsetzt über die teilweise milden Strafen.

Die Ausstellung wurde zuletzt im Februar 2021 aktualisiert.

Diese Ausstellung möchte die Opfer des NSU in einem menschlichen Licht zeigen.

Ohne das Mitwirken vieler Angehöriger der Ermordeten wäre das Projekt in der vorliegenden Form nicht realisierbar gewesen.

Ihnen allen sowie vielen engagierten Anwältinnen und Anwälten, die die Hinterbliebenen im NSU-Prozess als Nebenkläger vertraten, gilt mein herzlicher Dank. Auch möchte ich mich bei den zahlreichen Unterstützerinnen und Unterstützern für die Förderung des Projekts bedanken. Sie werden am Ende dieser Broschüre genannt. Dort finden sich auch weitere Danksagungen an die vielen Menschen, die dieses Projekt mit ermöglicht haben.

Der vorliegende Begleitband vertieft einzelne Kapitel der Ausstellungstafeln und weist auf Quellen hin. Den im Rahmen des pädagogischen Begleitprogramms von uns ausgebildeten „Schülercoaches" dient er zur Vorbereitung.

Nürnberg im Februar 2021
Birgit Mair, Diplom-Sozialwirtin (Univ.)
Institut für sozialwissenschaftliche Forschung,
Bildung und Beratung (ISFBB) e.V.

Die Chronologie der

1998

18.12.
Raubüberfall auf einen
Edeka-Laden in Chemnitz **1**

1999

23.06.
Bombenanschlag auf die Kneipe
eines aus der Türkei stammenden
Betreibers in Nürnberg **2**

06.10.
Raubüberfall auf eine
Postfiliale in Chemnitz **3**

27.10.
Raubüberfall auf eine
Postfiliale in Chemnitz **4**

2000

09.09.
Ermordung von Enver
Şimşek in Nürnberg **5**

30.11.
Raubüberfall auf eine
Postfiliale in Chemnitz **6**

20. oder 21.12.
Bombenanschlag auf ein deutsch-
iranisches Geschäft in Köln. Die
Bombe detonierte am 19.01.2001 **7**

2001

13.06.
Ermordung von Abdurrahim
Özüdoğru in Nürnberg **8**

27.06.
Ermordung von Süleyman
Taşköprü in Hamburg **9**

05.07.
Raubüberfall auf eine
Postfiliale in Zwickau **10**

29.08.
Ermordung von Habil Kılıç
in München **11**

2002

25.09.
Raubüberfall auf eine
Sparkasse in Zwickau **12**

2003

23.09.
Raubüberfall auf eine
Sparkasse in Chemnitz **13**

2004

25.02.
Ermordung von Mehmet
Turgut in Rostock **14**

14.05.
Raubüberfall auf eine
Sparkasse in Chemnitz **15**

18.05.
Raubüberfall auf eine
Sparkasse in Chemnitz **16**

09.06.
Nagelbombenanschlag in der
Keupstraße in Köln mit 23 zum Teil
lebensgefährlich Verletzten **17**

2005

09.06.
Ermordung von İsmail
Yaşar in Nürnberg **18**

15.06.
Ermordung von Theodoros
Boulgarides in München **19**

22.11.
Versuchter Raubüberfall auf eine
Sparkasse in Chemnitz **20**

NSU-Verbrechen

Stralsund **24 25**

Rostock **14**

Hamburg **9**

Dortmund **21**

Kassel **22**

Köln **7 17**

Eisenach **28**

Arnstadt **27**

Chemnitz
1 3 4 6 13 15 16 20

Zwickau **10 12 23 29**

Nürnberg **5 8 18 2**

Heilbronn **26**

München **11 19**

Fotos: privat

2006
04.04.
Ermordung von Mehmet Kubaşık in Dortmund **21**
06.04.
Ermordung von Halit Yozgat in Kassel (Leider keine Portraitaufnahme verfügbar) **22**
05.10.
Versuchter Raubüberfall auf eine Sparkasse in Zwickau **23**
07.11.
Versuchter Raubüberfall auf eine Sparkasse in Stralsund **24**

2007
18.01.
Raubüberfall auf eine Sparkasse in Stralsund **25**
25.04.
Ermordung von Michèle Kiesewetter in Heilbronn, ein Polizist wurde lebensgefährlich verletzt **26**

2011
07.09.
Raubüberfall auf eine Sparkasse in Arnstadt **27**
04.11.
Raubüberfall auf eine Sparkasse in Eisenach **28**
04.11.
Brandstiftung Frühlingsstraße 26 in Zwickau **29**

9

»Als er jung war, schrieb er Liebesgedichte«

Der hessische Blumengroßhändler Enver Şimşek wurde in Nürnberg erschossen

Enver Şimşek wurde am 4. Dezember 1961 in der Türkei geboren. Aufgewachsen ist er in dem kleinen Dorf Salur in der Provinz Isparta. Die Gegend dort ist reich an bunten Blumen, was ihn wohl zu seiner späteren Berufswahl inspirierte. In seiner Jugend schrieb er Liebesgedichte an seine zukünftige Ehefrau Adile, die wie er in dem kleinen Ort inmitten von Bergen und Seen aufwuchs. Sie war von seinem Fleiß und seinem ruhigen Wesen sehr angetan.[2] 1978 heirateten die beiden.

Enver Şimşek und seine Ehefrau (Foto: privat)

Die Familie zog nach Flieden, wo der junge Familienvater zunächst mit Halal-Fleisch handelte und nebenbei in einer Putzkolonne schuftete. Dann arbeitete er in einer Fabrik und danach als Schleifer bei Phönix, einem Automobilzulieferer.[5] Im Jahr 1992 erfüllte er sich einen Lebenstraum und machte sich als Blumenhändler selbstständig. Die Familie übersiedelte nach Schlüchtern, wo eine Fabrikhalle angemietet und ein Blumenladen eröffnet wurden. Seine Blumen

Familie Şimşek im Flugzeug (Foto: privat)

Adiles Vater gehörte zur ersten Generation der so genannten Gastarbeiterinnen und Gastarbeiter. Während Adiles Mutter mit dem ältesten Sohn in der Türkei blieb, zog Adile zu ihrem Vater und den zwei Geschwistern nach Deutschland. Enver absolvierte zunächst den Militärdienst in der Türkei und folgte dann seiner Frau.[3] Im Alter von 25 Jahren wurde er Vater von Tochter Semiya, die im hessischen Friedberg zur Welt kam. Ein Jahr später wurde Sohn Abdulkerim geboren.[4]

Der beliebte Blumenstand an einer Waldeinbuchtung an der Liegnitzer Straße im Süden Nürnbergs wird bis heute von der Firma Şimşek betrieben. Nach dem Auffliegen des NSU im Jahr 2011 wurde eine dort angebrachte Gedenktafel für das Mordopfer mehrfach gestohlen und es kam zu Hakenkreuzschmierereien (Foto: Birgit Mair 2018)

Am 9. September 2000 vertrat Herr Şimşek in Nürnberg einen Mitarbeiter, der im Urlaub war. In einer Waldeinbuchtung an der Liegnitzer Straße im Süden Nürnbergs betrieb „Şimşek Blumen Groß- und Einzelhandel" einen mobilen Verkaufsstand. Nach 12.45 Uhr sah man zwar noch die Blumensträuße, den bunten Sonnenschirm und den weißen Lieferwagen,

Symbolische Straßenumbenennung in der Liegnitzer Straße in Nürnberg (Foto: Birgit Mair 2020)

ersteigerte Enver Şimşek in Holland, ließ sie zu kunstvollen Sträußen binden und verkaufte sie an verschiedenen Orten in Deutschland. Der Betrieb war mittlerweile auf dreißig Mitarbeitende angewachsen und lief gut. Für Grillabende mit Freunden und der Familie im angemieteten Kleingarten blieb allerdings kaum noch Zeit. Enver hatte deshalb beschlossen, künftig weniger zu arbeiten und nach Salur zurückzukehren, wo er mittlerweile ein Haus gebaut hatte.[6]

doch keinen Verkäufer. Es dauerte mehr als zwei Stunden, bis ein Kunde die Polizei informierte. Ein Polizeibeamter fand den schwer verletzten Enver Şimşek in seinem Lieferwagen. Im Körper des Blumenhändlers steckten acht Kugeln aus zwei verschiedenen Waffen; eine Kugel hatte ein Auge durchlöchert. Er starb zwei Tage später im nahegelegenen Nürnberger Klinikum Süd.[7] Enver Şimşek hinterließ eine vierzehnjährige Tochter und einen dreizehnjährigen Sohn. Seinen 39. Geburtstag erlebte er nicht mehr.

Gedenken am ehemaligen Tatort (Foto: Birgit Mair 2014)

Kranzniederlegung des Sohnes von Enver Şimşek am 20. Jahrestag der Ermordung seines Vaters am ehemaligen Tatort in Nürnberg. Das Grab des Ermordeten befindet sich in der Türkei. Abdulkerim Şimşek setzt sich dafür ein, dass der Platz nach seinem Vater benannt wird (Foto: Roland Sauer)

Während der Familienvater im Sterben lag, wurde seine Ehefrau in Nürnberg von der Polizei vernommen. Man hörte ihre Telefongespräche ab, befragte Nachbarn nach angeblichen Drogengeschäften des Mordopfers.[8] Die Ermittler behaupteten auch, das Mordopfer habe eine Geliebte gehabt. Belege für solche Anschuldigungen lagen zu keinem Zeitpunkt vor. Die jahrelange Kriminalisierung des familiären Umfelds von Enver Şimşek hatte weitreichende und langfristige Folgen für die Familie.[9] Erst elf Jahre später erfuhren die Angehörigen, dass Neonazis ihn erschossen hatten.

»Er war ein ganz, ganz lieber Mensch«

Der Nürnberger Metallfacharbeiter Abdurrahim Özüdoğru wurde in seiner Schneiderei hingerichtet

Das Ehepaar Özüdoğru (Foto: privat)

Abdurrahim Özüdoğru wurde am 21. Mai 1952 in Yenişehir im Nordwesten der Türkei geboren. Im Jahre 1972 zog er nach Deutschland, um an der Universität Erlangen-Nürnberg Maschinenbau zu studieren. Während seiner Studienzeit lernte er seine Frau kennen. Ein Jahr später heirateten sie. Bald kam eine Tochter zur Welt. Fünfundzwanzig Jahre war Herr Özüdoğru als Metallfacharbeiter bei der Nürnberger Firma Diehl beschäftigt, wo er hauptberuflich im Schichtdienst arbeitete. Seine Frau und er bauten in der Nürnberger Gyulaer Straße/ Ecke Siemensstraße eine kleine Änderungsschneiderei auf, die er parallel zu seiner beruflichen Tätigkeit führte. Die Schneiderei in der ruhigen Seitenstraße nahe des U-Bahnhofes Maffeiplatz hatte nur wenige Stunden in der Woche geöffnet. Nachbarn beschrieben Herrn Özüdoğru als *„ganz, ganz lieben Menschen"*, der *„immer zu einem Späßle bereit"* gewesen sei.[10]

Am 13. Juni 2001 begann der damals 49-Jährige seine Schicht als Maschinenführer bei Diehl um 5.45 Uhr. Laut Stechuhr arbeitete er an diesem Tag bis 13.51 Uhr. Danach fuhr er mit einem Kollegen nach Hause. Gegen 16 Uhr kaufte er sich wie so oft in einem benachbarten Lotto-Toto-Laden die Tageszeitung. Dann ging er in die Schneiderei. Vermutlich gegen 16.30 Uhr wurde er dort mit zwei Schüssen in den Kopf ermordet.

Erst Stunden später fand man seinen Leichnam, *„halb sitzend, halb liegend hinter der Schwelle zur Wohnung in der Schneiderei in einer riesigen Blutlache"*[11]. Der Familienvater wurde gezielt hingerichtet, er hatte keine Chance. Wieder wurde mit einer Pistole vom Typ Česká geschossen. Mit derselben Waffe war neun Monate zuvor, ebenfalls im Süden Nürnbergs, der Blumenhändler Enver Şimşek erschossen worden. Die Tochter des Wahl-Nürnbergers war zum Zeitpunkt des Mordes noch eine Teenagerin. Mehr als zehn Jahre lang wusste sie nicht, wer ihren Vater ermordet hatte.[12]

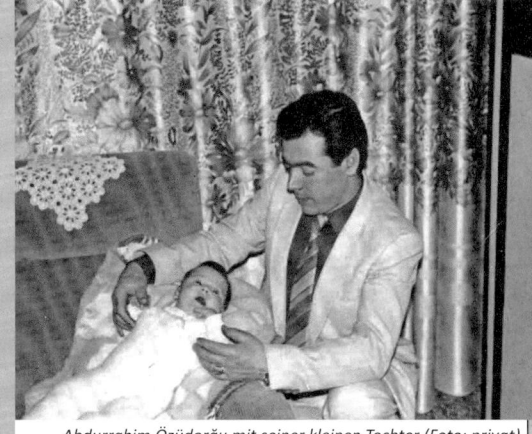

Abdurrahim Özüdorğu mit seiner kleinen Tochter (Foto: privat)

Im Erdgeschoss dieses Eckhauses an der Ecke Siemensstraße/Gyulaer Straße in der Nürnberger Südstadt befand sich die Schneiderei der Familie Özüdoğru. In diesem Stadtteil leben viele Migrantinnen und Migranten. Jahrelang befanden sich an den Fallrohren der ehemaligen Schneiderei neonazistische Aufkleber der 2004 verbotenen „Fränkischen Aktionsfront" (Foto: Birgit Mair 2012)

Der glückliche Familienvater Süleyman Taşköprü mit seiner Tochter in Hamburg. Als ihr Vater ermordet wurde, war sie drei Jahre alt (Foto: privat)

»Seine Pläne und Träume wurden mit ihm zusammen vernichtet«

Der Hamburger Obst- und Gemüsehändler Süleyman Taşköprü wurde in seinem Laden ermordet

Süleyman Taşköprü wurde am 20. März 1970 in Istanbul geboren.[13] Aufgewachsen ist er in Suhut in der Provinz Afyon, wo er bis 1981 die Schule besuchte. Der fleißige und bei den Lehrern sehr beliebte Schüler träumte davon, später Architekt zu werden. Sein Vater lebte seit 1972 in Deutschland und arbeitete zunächst im Bremer Hafen als Schiffsschweißer. Später zog er nach Hamburg und war dort beim Schreibwarenhersteller Rotring tätig.[14] Er gehörte zur ersten Generation der so genannten Gastarbeiterinnen und

Süleyman mit seiner Oma väterlicherseits, seiner Mutter und seiner Schwester in der Türkei. Die Oma starb am 11. November 2011, kurz nachdem der NSU aufgeflogen war (Foto: privat)

Gastarbeiter. 1979 holte er seine Frau und die beiden jüngsten Kinder nach Deutschland. Weil Süleyman, der Älteste, in der Schule mit sehr guten Noten glänzte, sollte er bei seiner Oma in der Türkei bleiben. Doch er vermisste seine Eltern sehr, weshalb er zu ihnen nach Deutschland wollte. *„Süleyman hat es nicht mehr gereicht, uns nur in den Sommerferien in Deutschland zu besuchen"*, berichtete seine vier Jahre jüngere Schwester. 1981, nachdem eine weitere Schwester in Deutschland geboren worden war, holten die Eltern den Jungen schließlich zu sich nach Hamburg-Altona.[15]

In der Mitte des Bildes sitzt Süleyman mit seinen Geschwistern zuhause in Hamburg. Stolz hält er seine kleine Schwester im Arm (Foto: privat)

Der kleine Süleyman umarmt seine Schwester (Foto: privat)

Der kleine Süleyman mit seiner Schwester (Foto: privat)

Syleiman (links) mit seinen Geschwistern in den 1980er Jahren (Foto: privat)

In Hamburg absolvierte Süleyman den Realschulabschluss. In seiner Freizeit spielte er Fußball und Backgammon. Er war Anhänger des Fußballvereins Fenerbahçe Istanbul und ein großer Fan des Schauspielers Sylvester Stallone, dem er ähnlich sah. Süleyman träumte seit seiner USA-Reise von

Süleyman als Schüler auf Klassenfahrt (Foto: privat)

einem eigenen Stern auf dem berühmten „Walk of Fame" in Los Angeles.[16] Seiner Schwester gegenüber äußerte er den Wunsch, dass im Falle seines Todes mit einem derartigen Stern an ihn erinnert werden solle. An den Wochenenden ging er gerne tanzen.[17] Als Teenager trainierte er drei Jahre lang Karate.[18] Anfang der 1990er Jahre arbeitete er für eine japanische Firma, die Fotoapparate herstellte. 1998 wurde seine Tochter geboren, die er sehr liebte und *„meine kleine Prinzessin"* nannte.[19]

Auf seiner USA-Reise in den 1990er Jahren besuchte Süleyman Taşköprü auch den „Stern" seines Vorbildes Sylvester Stallone (Foto: privat)

Am 27. Juni 2001 arbeiteten Süleyman Taşköprü und sein Vater im Laden. Der Vater ging kurz weg, um Oliven zu besorgen. Als er zurückkam, fand er seinen Sohn blutüberströmt vor. Süleyman war noch bei Bewusstsein, konnte aber nicht mehr sprechen. Erst zehn Jahre später wurde bekannt, dass Neonazis des NSU den Familienvater erschossen hatten.

Seine Familie betrieb seit 1998 in einem bürgerlichen Viertel in Hamburg-Bahrenfeld einen Obst- und Gemüseladen, den er Anfang 2001 von seinem Bruder übernahm. Der Laden in der Schützenstraße 39 war nicht nur ein Lebensmittelgeschäft, sondern auch ein Treffpunkt für die Familie. *„Wir haben uns alle nach Feierabend im Laden, hinten in der kleinen Küche zum Essen getroffen"*, berichtete seine Schwester.[20] Sie erinnerte sich, dass ihr Bruder voller Pläne war und mit ihrer Hilfe im Nebengebäude einen Weinladen eröffnen wollte. Süleyman hatte viele Pläne, *„aber seine Pläne und Träume wurden mit ihm zusammen vernichtet"*, so die Schwester.[21]

Hamburg 2001: Der kleine Lebensmittelladen von Süleyman Taşköprü kurz nach dem Mord (Bildquelle: TV News Kontor, Hamburg)

Der Hinweis auf zwei „deutsch" aussehende Männer, die der Vater des Ermordeten kurz vor der Tat in der Nähe des Ladens beobachtet hatte, wurde von den Polizeibeamten nicht verfolgt. Im Gegenteil: Das Opfer selbst wurde massiv kriminalisiert. Zehn Jahre lang richteten sich die polizeilichen Ermittlungen gegen den Ermordeten und sein soziales Umfeld. In der Folge distanzierten sich immer mehr Menschen von der Familie des Mordopfers.[22]

Der Vater von Süleyman Taşköprü sagte im Jahr 2013 im Münchner NSU-Prozess als Zeuge aus. Er berichtete, sein Sohn sei beliebt gewesen und habe seine Tochter sehr geliebt. Diese war erst drei Jahre alt, als sie ihren Vater verlor. Er schilderte auch die gravierenden gesundheitlichen Folgen, unter denen die Hinterbliebenen nach dem Mord zu leiden hatten. Er klagte: *„Mein Sohn war 31 Jahre alt, was wollten sie von ihm? (...) Sie haben mir mein Herz abgerissen".*[23] Mit folgenden Worten beendete er seine Rede: *„Er ist in meinen Armen gestorben. Er lebte noch, als ich ihn auf den Schoß nahm, er lebte noch."*[24]

Angehörige des Ermordeten kritisierten, dass nicht die „Schützenstraße", in der der Mord passierte, sondern nur eine kleine Seitenstraße in der Nähe des Tatorts umbenannt wurde (Foto: Birgit Mair 2016)

Süleyman Taşköprü wurde in der Türkei beerdigt.[25] Vor dem ehemaligen Laden in Hamburg erinnern zwei kleine Gedenksteine an die zehn Mordopfer des NSU und ein im Boden eingelassener Stern mit seinem Foto an den Familienvater. Die Bitte der Schwester, einen derartigen Stern auch in das Baumprojekt für die Opfer des NSU in Zwickau einzufügen, wurde abgelehnt.[26] Der *„Wunsch nach Individualität einzelner*

Hamburg 2016: Zwei Gedenksteine und ein Stern mit dem Bild von Süleyman Taşköprü weisen vor dem ehemaligen Lebensmittelladen in der Schützenstraße auf die neonazistischen Morde hin (Foto: Birgit Mair)

Gedenktafeln" würde zwar verstanden werden, doch *„eine solche Gestaltung widerspräche (...) der Gesamtkonzeption des Gedenkortes"*[27], so die offizielle Begründung der Stadt Zwickau im Juli 2020. Schließlich gehe es auch um das *„Interesse der Zwickauer Stadtbevölkerung"*[28], hieß es in dem Schreiben. Dieses Vorgehen kritisierten Angehörige des Ermordeten ebenso wie die Tatsache, dass es in Hamburg bisher keinen NSU-Untersuchungsausschuss gab.[29]

»Er hat sich mit allen gut verstanden«

Der Münchner Habil Kılıç wurde im Frischwarenladen ermordet

Habil Kılıç wurde 1963 im türkischen Borçka an der Schwarzmeerküste geboren. In Ankara, wo er das Bekleidungsgeschäft „Butik Çernobil" betrieb, lernte er seine spätere Frau kennen, die bereits seit ihrem zehnten Lebensjahr in München lebte.[30] In einem Interview sagte sie über sich: *„Wahrscheinlich war ich die einzige Türkin in Bayern, die Dirndl und Sepplhosen verkauft hat"*[31]. Die gelernte Einzelhandelskauffrau hatte es bis zur Filialleiterin eines bekannten Trachtenmodengeschäfts geschafft.[32] Habil Kılıç und sie heirateten 1985, aber der Ehemann konnte nicht gleich nach Deutschland einreisen. Sie ließen sich scheiden und heirateten wieder, als sie von ihrer Schwangerschaft erfahren

Habil Kılıç in jungen Jahren vor seinem Geschäft in Ankara (Foto: privat)

hatten. Nach seinem Umzug nach München versuchte Habil Kılıç, die junge Familie durch Jobs bei Reinigungsfirmen und Speditionen im Großraum München zu ernähren. Bei einem Hersteller für Babynahrung

in Ingolstadt hatte er eine leitende Position inne und verdiente gut, doch wegen der Entfernung zum Wohnort seiner Familie suchte er sich wieder einen Job in München.[33] In der Freizeit fuhr er gerne Auto und ging schwimmen.[34]

Im März 2000 eröffnete das Ehepaar einen kleinen Frischwarenladen mit Obst, Gemüse und türkischen Spezialitäten.

Das Ehepaar Kılıç kurz nach der Hochzeit (Foto: privat)

Das Geschäft befand sich im Erdgeschoss eines Eckhauses an der belebten Bad-Schachener-Straße 14 in München-Ramersdorf. Die Kleinfamilie lebte im ersten Stock des Hauses. Herr Kılıç arbeitete hauptberuflich als Gabelstaplerfahrer in der Münchner Großmarkthalle. An Werktagen fuhr er bereits um 3.30 Uhr morgens zur Arbeit, seine Schicht dauerte bis Mittag. Nachmittags half er seiner Frau im Laden. Nur eine Gehminute entfernt befand sich eine große Inspektion der Verkehrspolizei; viele Polizeibeamte kauften in dem Laden ein.[35] Eine Nachbarin erinnerte

München 2001: Spurensicherung vor dem Obst- und Gemüseladen der Familie Kılıç in München-Ramersdorf (Foto: Reinhard Kurzendörfer)

sich an Herrn Kılıç: *„Der war ein äußerst lieber Mensch. Er hat sich mit allen gut verstanden, auch mit vielen Deutschen"*[36].

Am 29. August 2001 kümmerte sich Herr Kılıç allein um den Laden. Seine Frau und die Tochter machten zu dieser Zeit Urlaub in der Türkei. Er wollte nicht mitfahren, weil er sich in Deutschland sicherer fühlte.[37] Um 10.35 Uhr telefonierte er noch mit einem Kollegen in der Großmarkthalle. Zehn Minuten später wurde er von einer Kundin, die für ihre Kinder Süßigkeiten kaufen wollte, schwer verletzt aufgefunden. Diese informierte sofort den Notarzt. Als die Sanitäter eintrafen, lebte er noch. Kurze Zeit später starb der 38-jährige Familienvater an den Schusswunden in seinem Kopf. Mehr als zehn Jahre lang lebte die Familie in Ungewissheit über die Hintergründe des Mordes. Erst im November 2011 wurde bekannt, dass Neonazis der Terrorgruppe „Nationalsozialistischer Untergrund" (NSU) den Familienvater ermordet hatten.[38]

Ein Polizeibeamter der nach dem Mord so genannten „Soko Halbmond" sagte zwölf Jahre später im Münchner NSU-Prozess über Habil Kılıç aus, er sei ein *„kreuzbraver, arbeitsamer, humorvoller Mensch"* gewesen.[39] Trotzdem war in Richtung Drogenhandel ermittelt worden. Die Polizei durchsuchte die Wohnungen der Hinterbliebenen.[40] Selbst die Schwiegermutter des Ermordeten musste ihre Fingerabdrücke abgeben. Die damals 74-jährige Diplom-Chemikerin kritisierte 2013 bei ihrer Zeugenaussage im Münchner NSU-Prozess die unrühmliche Rolle der Medien. Einige Blätter hätten im Zusammenhang mit ihrem ermordeten Schwiegersohn *„über Drogen- und Frauengeschichten"*[41] berichtet. Auch die Tochter des Ermordeten bekam Schwierigkeiten: Die Großmutter berichtete, dass die Schulleiterin ihre Enkeltochter vom Schulbesuch ausschließen wollte, angeblich aus *„Angst um die anderen Kinder"*[42].

Als die Witwe von der Polizei die Ladenschlüssel zurückbekam und

An der Hauswand des ehemaligen Tatorts wurde eine Gedenktafel angebracht (Foto: Marcus Buschmüller 2013)

dort aufschloss, fand sie noch Spuren der Ermordung ihres Mannes vor. Sie brach zusammen und zog mit ihrer Tochter in einen anderen Stadtteil. Die Miete für den Laden musste sie trotzdem noch eine Weile bezahlen. Als gelernte Einzelhandelskauffrau fand sie eine neue Anstellung in einem Textilgeschäft. Als ihre Arbeitskollegen allerdings erfuhren, wer ihr Mann war, wurde ihr gekündigt.[43]

Frau Kılıç konnte sich im Gegensatz zu vielen anderen Angehörigen der vom NSU Ermordeten zunächst nicht vorstellen, dass Neonazis ihren Mann ermordet haben könnten. Nie habe es vor dem Mord wegen ihrer Herkunft Probleme gegeben; sie fühlte sich absolut zu Hause in München. Sie bat mich ausdrücklich darum, darauf hinzuweisen, dass sie sich für die hervorragende Betreuung durch den „Weißen Ring" nach dem Tod ihres Mannes bedanken möchte.[44] Am Tatort wurde 2013 im Beisein von Angehörigen eine Gedenktafel für die zehn Mordopfer des NSU angebracht.[45]

»Er war der netteste Mensch, den ich je gekannt habe«

Mehmet Turgut wurde in einem Rostocker Imbissstand ermordet

Mehmet Turgut wurde 1979 in der Türkei geboren.[46] Er wuchs in dem kleinen Gebirgsdorf Kayalik auf, wo Zaza gesprochen wird, eine Sprache, die nur zwei bis drei Millionen Menschen vor allem in Ostanatolien sprechen. Kalte Winter beherrschten das Land und der Schnee lag dann meterhoch. Die Menschen verdienten sich mit Ackerbau und Viehzucht nur das Nötigste zum Leben. Der Vater von Mehmet Turgut arbeitete in den 1980er Jahren drei Jahre lang in Westdeutschland, kehrte dann aber nach Kayalik zurück.[47]

Mehmet Turgut (Foto: privat)

Für Jugendliche gab es in dem Ort kaum Perspektiven. Im Alter von 15 Jahren verließ Mehmet Turgut deshalb die Türkei in Richtung Deutschland. Zehn Jahre lang kämpfte er für ein Leben in Deutschland, doch es gelang ihm nicht, ein dauerhaftes Bleiberecht zu erhalten. Zwei Mal wurde er in die Türkei abgeschoben.[48] Sein Vater habe ihm immer wieder geraten, nicht nach Deutschland zu gehen, doch nach den Erinnerungen seines kleinen Bruders soll Mehmet entgegnet haben: *„Vater, wovon sollen wir hier leben? Du versorgst uns, aber wir können nicht immer von deiner Arbeit leben."*[49] Der Vater konnte ihn nicht halten. Doch auch 2003 drohte ihm wieder die Abschiebung aus Deutschland. Er bestritt seinen Lebensunterhalt mal als Erntehelfer, mal als Hilfskraft in Schnellimbissen.[50]

Zehn Jahre nach der Ermordung von Mehmet Turgut wurden am ehemaligen Tatort zwei Bänke mit Tafeln in deutscher und türkischer Sprache aufgestellt. Wie andere Mahnmale für die Opfer des NSU wurde auch dieses mehrfach mit neonazistischen Parolen beschmiert (Foto: Burschel 2015)

„Er war der netteste Mensch, den ich je gekannt habe – immer sehr freundlich, immer höflich", sagte ein Freund aus Rostock über ihn.[51] Auch die Nachbarn in der Türkei erinnerten sich an ihn: *„Er war ein guter Mensch – ruhig und zurückhaltend. Niemandem hat er je etwas getan."*[52]

Anfang 2004 ermöglichte ihm ein Bekannter in Deutschland, bei sich zu wohnen und in seinem Dönerimbiss in Rostock mitzuhelfen. So konnte der mittellose junge Mann über die Runden kommen.

Bereits zu diesem Zeitpunkt plagten Mehmet große Sorgen vor einer erneuten Verhaftung und Abschiebung. Er spielte mit dem Gedanken, eine Zukunft in Deutschland endgültig aufzugeben und zurück in die Türkei zu gehen.

Gedenken an Mehmet Turgut am ehemaligen Tatort
(Foto: Bernd Wüstneck, Ostsee-Zeitung)

Am 25. Februar 2004 sperrte Mehmet Turgut gegen zehn Uhr vormittags den Imbissstand „Mr. Kebab Grill" seines Bekannten in Rostock-Toitenwinkel auf, wo er seit kurzer Zeit arbeitete. Er hatte bereits den Kaffee aufgebrüht. Kurze Zeit später fand ihn sein Chef auf dem Boden des Standes. Er wurde durch mehrere Schüsse schwer verletzt und starb wenig später im Rettungswagen.[53] Wieder war dieselbe Waffe verwendet worden. Aber zum ersten Mal in der Mordserie benutzten die Täterinnen und Täter einen Schalldämpfer. Dass Neonazis des NSU den jungen Mann erschossen hatten, wurde erst sieben Jahre später öffentlich bekannt.

Ein rassistisches Tatmotiv wurde von Seiten der ermittelnden Beamtinnen und Beamten bereits eine Woche nach dem Mord ausgeschlossen.[54] Dabei lebten in der Nähe des Tatorts bekannte Neonazis.[55] Die polizeilichen Ermittler suchten die Schuldigen in der Türkei.

Mehmet Turgut hatte fünf Geschwister. Sein jüngster Bruder war erst zwölf Jahre alt, als er seinen geliebten Bruder „Memo" verlor. Er erinnerte sich an die Zeit nach dem Mord: *„Irgendwann kam dann auch die deutsche Polizei. Die Beamten kamen nicht in unser Dorf. Sie haben nicht meine Eltern befragt. Sie fragten im Nachbardorf herum: ‚Hatten die Turguts Feinde? Gab es einen Anhaltspunkt für Blutrache?'"*[56] Die deutsche Polizei habe die Familie schlecht gemacht, so der Bruder. Die Familie dachte auch an Neonazis als Täter: *„Mein Vater hatte zuvor ja auch einige Zeit in Deutschland gearbeitet. Er kannte Ausländerfeindlichkeit. Er war sich sicher: Das waren bestimmt die Kahlköpfe. (…) Wir hatten keine andere Erklärung, doch niemand hat uns geglaubt."*[57]

Gedenkveranstaltung am ehemaligen Tatort in Rostock am 12. Jahrestag der Ermordung von Mehmet Turgut. Die Inschrift auf der Kranzschleife lautet übersetzt: „Wir gedenken unserem Bruder Mehmet" (Foto: Joachim Kloock)

„Kann es eine noch schmerzvollere Nachricht geben, als vom Tod des eigenen Kindes zu erfahren? Wir leben ständig mit diesem Schmerz"[58], berichtete sein Vater in einem Fernsehinterview. Nach dem Mord hatte die Familie das Heimatdorf verlassen, weil sie die jahrelangen Verdächtigungen nicht mehr aushielt. Wie viele andere Angehörige der NSU-Mordopfer erfuhr auch die Familie Turgut Anfang November 2011 aus dem Fernsehen, wer ihr Familienmitglied ermordet hatte.[59] Mehmet Turgut wurde nur 25 Jahre alt.[60]

In Rostock wurden zehn Jahre nach dem Mord zwei Bänke mit Tafeln in deutscher und türkischer Sprache am ehemaligen Tatort aufgestellt. Das Mahnmal wurde mehrfach beschädigt und musste erneuert werden.[61] Trotz der weiten Anreise aus der Türkei beteiligten sich Familienmitglieder des Mordopfers an den Gedenkveranstaltungen. Auch Angehörige anderer Opferfamilien kamen in die Hansestadt und zeigten sich solidarisch.[62]

»Er hat uns immer wieder mal ein Wassereis spendiert«

İsmail Yaşar wurde in seinem Imbiss in Nürnberg erschossen

İsmail Yaşar wurde 1955 in Alanyurt in der Türkei geboren. Im Alter von 23 Jahren kam er nach Deutschland. Dort heiratete er und lebte mit seiner Frau und ihrer Tochter in Franken. Er arbeitete zunächst in einer Metallfirma und dann in einem Kabelwerk in Nürnberg.[63] 1990 erblickte der gemeinsame Sohn in Fürth das Licht der Welt. İsmail Yaşar versuchte, die Familie durch den Verkauf von türkischen Lebensmittelspezialitäten, den Betrieb einer Änderungsschneiderei sowie eines Second-Hand-Ladens zu ernähren. Drei Jahre lang betrieb er den Dönerstand in einem weißen Container gegenüber einer Schule in der

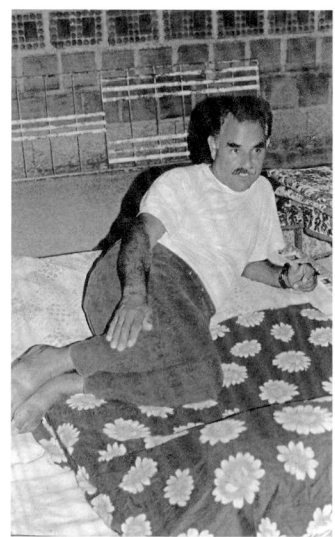

İsmail Yaşar (Foto: privat)

Nürnberger Scharrerstraße. Wie viele andere Kinder von Einwanderern besuchte auch sein Sohn die naheliegende Schule. Seinen Vater beschrieb er als friedliebenden und lebensfrohen Menschen, der sehr auf seine Gesundheit geachtet habe.[64] Trotz der Trennung der Eltern hatte er regelmäßig Kontakt zum Vater: *„Es gab so viele Dinge, die ich an ihm mochte, vor allem sein Lachen."*[65] „Er hat uns immer wieder einmal ein Wassereis spendiert", erinnert sich eine ehemalige Schülerin dieser Schule.[66] Manchmal saß Herr Yaşar bis spätabends auf einem der Klappstühle vor der Imbissbude und rauchte. Er hatte ein offenes Ohr für die Probleme seiner Kunden. *„Ich kann mich noch an die wunderbare Zeit erinnern, die ich bei ihm zu türkischem Tee verbracht habe"*, berichtete ein türkischstämmiger Stadtrat, der in der Nachbarschaft lebte.[67] İsmail Yaşar engagierte sich im türkischen Freizeitverein Nürnberg Süd e.V..

İsmail Yaşar in jungen Jahren (Foto: privat)

Gedenken am ehemaligen Tatort. Links im Bild ist die Scharrerschule zu sehen. Der Imbissstand existiert nicht mehr (Foto: Birgit Mair 2021)

İsmail Yaşar in jungen Jahren mit Freunden (zweiter von links) (Foto: privat)

Am Morgen des 9. Juni 2005 öffnete İsmail Yaşar wie gewöhnlich seine Imbissbude. Kurz vor neun Uhr wurden noch Fladenbrote geliefert.[68] Um 9.55 Uhr bestellte sein letzter Kunde einen Döner Kebab. Um 10.15 Uhr wurde der 50-jährige İsmail Yaşar in seinem Imbiss tot aufgefunden. Er hatte Schussverletzungen in Kopf und Oberkörper. Schulkinder der gegenüberliegenden Scharrerschule brachen in Tränen aus, als sie von dem Mord erfuhren. Er hinterließ drei Kinder.[69]

Nürnberg 2005: Anwohner, Freunde und Schulkinder befestigten kurz nach dem Mord Abschiedsbriefe am Imbissstand von İsmail Yaşar und legten Blumenkränze nieder (Foto: Nürnberger Nachrichten/Lorenz Bomhard)

Der Sohn erinnerte sich dreizehn Jahre nach dem Mord, wie bedrückend es für ihn war, als er als 15-Jähriger das Wort „Dönermorde" in der Zeitung las.[70] Während sein Vater noch einige Wochen vor dem Mord in der Zeitung als sympathischer Imbissbetreiber dargestellt worden sei, bei dem die Beschäftigten der gegenüberliegenden Bundesagentur für Arbeit ihr Mittagessen einnahmen, sei sein guter Ruf nach dem Mord öffentlich demontiert worden.[71]

»Die werden immer mächtiger und immer größer. Wenn es nicht aufgeklärt wird, wird es kein Ende haben«

Der Sohn von İsmail Yaşar

Obwohl er noch ein Teenager war, musste auch der Sohn nach dem Mord seine Fingerabdrücke abgeben.[72] Der gebürtige Nürnberger kennt das Viertel, in dem sein Vater ermordet wurde, gut; er ist dort aufgewachsen. Er erinnerte sich, dass in der Nähe des väterlichen Imbisses manchmal Neonazis zu sehen waren: *„Ich war 13, 14 Jahre alt, da kamen auf einmal Nazis. Die waren immer wieder vor der Luise*[73] *und vor der Post. Da war auch einer, ein Glatzkopf, der hieß Frank. Das war auch ein bekannter Nazi"*[74]. Mit den Nazis habe es manchmal Auseinandersetzungen gegeben.[75] Vermutungen der Familie, Rechte könnten die Mörder gewesen sein, wurden von der Polizei völlig ignoriert: *„Die haben uns gar nicht wahrgenommen"*[76].

Dass ein Neonazi einige Monate vor dem Mord den Dönerstand des Vaters attackiert hatte, erfuhr der Sohn erst nach dem Auffliegen des NSU. Der Neonazi Jürgen F. hatte den etwa ein Meter hohen „Pizzamann" zerstört, eine Deko-Gipsfigur des väterlichen Imbisses. Der Neonazi bezahlte den Schaden nicht. Es kam zum Prozess, der Rechte wurde verurteilt. Wie sich später herausstellte, hatte Jürgen F. Kontakt zu mehreren Neonazis aus dem NSU-Umfeld.[77]

Der Sohn von İsmail Yaşar ist mit der bisherigen Aufklärung nicht zufrieden. Als Zuschauer im Münchner NSU-Prozess habe er erlebt, wie der Vorsitzende Richter dem Vater des Kasseler Mordopfers den Hinauswurf aus dem Gerichtssaal androhte, als dieser Gebete sprach. Derlei Maßnahmen habe es gegen Neonazis nicht gegeben, als diese nach der Urteilsverkündung auf der Besuchertribüne feierten. Fazit des Sohnes des Ermordeten: *„Die werden immer mächtiger und immer größer. Wenn es nicht aufgeklärt wird, wird es kein Ende haben. Wo leben wir hier?"*[78]

»Er war lebenslustig, freundlich und hilfsbereit«

Der Münchener Theodoros Boulgarides wurde in seinem Schlüsseldienstgeschäft ermordet

Theodoros Boulgarides wurde 1964 in Triantafyllia geboren, einem Dorf unweit der bulgarischen Grenze im Norden Griechenlands. Seine Eltern waren zum Arbeiten nach Westdeutschland gegangen und bei der Firma Reisländer beschäftigt. Er blieb zunächst bei seiner Großmutter mütterlicherseits in Griechenland.[79]

Anfang der 1970er Jahre wurde der damals etwa neunjährige „Theo" zu seinen Eltern nach München geholt. Er besuchte zunächst die Hauptschule und absolvierte später das Lyzeum, ein griechisches Gymnasium.[80] Dann musste er in Griechenland den Militärdienst ableisten. Zurück in München, absolvierte er beim Eisenwarenhandel Tobler in München eine Ausbildung als Einzelhandelskaufmann. Anschließend war er bei Siemens an der Herstellung von Mikrochips beteiligt. In der Firma lernte er seine spätere Frau kennen. Herr Boulgarides arbeitete einige Zeit als Gabelstaplerfahrer auf dem Münchner Großmarkt und wechselte dann zur Deutschen Service Gesellschaft (DSG) der

Theodoros Boulgarides (Foto: privat)

Bahn. Er heiratete und wurde bald stolzer Vater von zwei Töchtern. Bis zu seiner Selbstständigkeit arbeitete er viele Jahre als Fahrkartenkontrolleur bei der S-Bahn.[81]

Gemeinsam mit einem deutschen Freund eröffnete er am 1. Juni 2005 in der Trappentreustraße 4 im Westen Münchens das „Schlüsselwerk", einen Schlüsseldienst mit 24-Stunden-Service und Notdienst. Er war unweit des Ladens aufgewachsen, viele Menschen kannten und mochten ihn. Monatelang hatte er den Laden renoviert. Der Schlüsseldienst wurde gut angenommen. Gerade hatte Herr Boulgarides seinen 41. Geburtstag gefeiert, seit dreißig Jahren lebte er nun in Bayern.[82]

Am 15. Juni 2005 arbeitete er in dem neu eröffneten Laden. Gegen 18.30 Uhr rief ihn sein Geschäftspartner an, doch niemand hob den Hörer

München 2005: Nach dem Mord an Theodoros Boulgarides wurden Blumen und Kerzen am Tatort aufgestellt (Foto: Reinhard Kurzendörfer)

ab. Sein Kompagnon fuhr in das Geschäft, wo er Theodoros Boulgarides tot auffand. Dieser wurde von drei Schüssen getroffen und war sofort tot. Seine Töchter wurden im Alter von 15 und 18 Jahren zu Halbwaisen.[83]

Die Familie litt unter der sozialen Ausgrenzung, die Folge der polizeilichen Ermittlungen war. Immer noch wurden die Täter im Drogen- und Glücksspielmilieu gesucht. Gerüchte machten schnell die Runde. Hinzu kam die finanzielle Belastung. Familienangehörige mussten das Blut des Ermordeten aus dem Laden wischen. Die Überführung des Leichnams nach Griechenland kostete 6.500 Euro.[84]

> »*Mein Bruder war ein schöner Mann, nicht nur äußerlich. Sein Herz war sehr groß und rein. Ich werde ihn nie vergessen! Ich vermisse ihn sehr!*«
>
> *Gavriil Voulgaridis*

*Gavriil Voulagridis (rechts) mit seinem sechs Jahre älteren Bruder „Theo"
in den 1980er Jahren in einem Münchener Speiselokal (Foto: privat)*

Den Bruder, Gavriil Voulgaridis, traf der Tod hart, weil der Vater früh verstorben und sein sechs Jahre älterer Bruder für ihn zu einer wichtigen Vertrauensperson geworden war. Gavriil Voulgaridis beschreibt die Folgen der Stigmatisierungen im sozialen Umfeld: „*Und dann bist du in eine Kneipe gegangen und auf einmal gingen alle Leute weg.*"[85] Auch in der Firma wurde der Bruder des Ermordeten ausgegrenzt, so dass er schließlich kündigte.[86] Er hielt die Spekulationen – selbst im engsten

Freundeskreis – nicht mehr aus und zog vier Jahre nach dem Mord nach Griechenland. Fünfunddreißig Jahre lang hatte er in Deutschland gelebt.[87] Er zog erst nach München zurück, als der Mord an seinem Bruder im November 2011 aufgeklärt war.[88] *„Mein Bruder war ein schöner Mann, nicht nur äußerlich. Sein Herz war sehr groß und rein. Ich werde ihn nie vergessen! Ich vermisse*

»Man hätte die Teppiche aufheben müssen, unter welche bereits so vieles gekehrt wurde«

ihn sehr!", schrieb Gavriil Voulgaridis fünfzehn Jahre nach dem Mord.[89]

Im Februar 2018 kritisierte die Witwe im NSU-Prozess die unzureichende Aufklärung: *„Bis heute möchte ich wissen, warum das Ansehen meiner Familie in der Öffentlichkeit derart demontiert wurde."*[90] Die bisherige Aufarbeitung der Verbrechen verglich sie mit einem *„oberflächlichen Hausputz".* Man hätte *„die Teppiche aufheben müssen, unter welche bereits so vieles gekehrt wurde"*[91].

Der zweifache Familienvater Theodoros Boulgarides wurde in seinem Geburtsort Triantafyllia beerdigt. Auf dem Grabstein des Familiengrabs steht auch der Name des Großvaters väterlicherseits. Dieser wurde im Alter von 33 Jahren während des Zweiten Weltkriegs von bulgarischen Separatisten verschleppt. Etwa zwanzig Kilometer entfernt von seinem Heimatdorf, in der Nähe des Ortes Triada, wurde er Opfer einer Massenerschießung.[92] Sein Leichnam wurde nie gefunden.[93]

In München erinnert eine Wandtafel am ehemaligen Tatort an Theodoros Boulgarides. Regelmäßig fanden dort Gedenkveranstaltungen statt, an denen sich auch Familienangehörige beteiligten. Zum Auftakt des NSU-Prozesses in München im Jahr 2013 hatte die Witwe bei einer Demonstration mit mehr als zehntausend Teilnehmenden gesagt: *„Wichtig ist es, dass man nicht aufhört zu fragen."*[94]

Überregionale Solidarität: Die Initiative „Keupstraße ist überall" brachte an der Gedenktafel für Theodoros Boulgarides in der Trappentreustraße einen Kranz an (Foto: Burschel 2015)

»Wenn ich mit meinem ich das Gefühl, ganz

Der Dortmunder Mehmet Kubaşık wurde in seinem Kiosk erschossen

Mehmet Kubaşık (Foto: privat)

Mehmet Kubaşık wurde 1966 in Pazarcik, im Süden der Türkei, geboren. Dort ging er zur Schule. Auf fünf Jahre Grundschule folgte ein Jahr Mittelschule, danach arbeitete er als Bauer in der Landwirtschaft. Mit achtzehn Jahren heiratete er Elif. Die gemeinsame Tochter Gamze kam in der Türkei zur Welt. Ende der 1980er Jahre verließ die türkisch-kurdisch-alevitische Familie Anatolien. 1991 reiste die Familie über die Schweiz nach Deutschland ein und beantragte Asyl. 1993 wurde der Asylantrag anerkannt. Sie lebten von Anfang an in Dortmund, wo ein Jahr später ein Sohn geboren wurde. Der junge Familienvater versuchte, die Familie mit Hilfsarbeiten zu ernähren. Er arbeitete für einen Früchtehandel, im Paketservice, bei einer Dachdeckerfirma und in einem Dönerimbiss. Im Jahr 2000 wurde er Vater eines weiteren Jungen. An den Wochenenden unternahm die Familie Ausflüge. Er liebte es, mit seinen Kindern Eis zu essen, grillte gerne und spielte Fußball.[95] 2003 wurden die Kubaşıks deutsche Staatsbürger. Im Juni 2004 kaufte Mehmet Kubaşık in Dortmund einen Kiosk und machte sich selbstständig. Der Laden an der vierspurig befahrenen Mallinckrodtstraße 190 hatte von morgens um sieben bis nachts um eins geöffnet. Die ganze Familie half mit. Im Ruhrgebiet sind „Trinkhallen", wie Herr Kubaşık eine betrieb, weit verbreitet und beliebt. Dort gibt es bis spät in die Nacht Zeitschriften, Süßigkeiten, Getränke und Zigaretten zu kaufen.

Papa in der Stadt war, dann hatte Dortmund würde ihn kennen«

Mehmet Kubaşık mit seinen Kindern (Foto: privat)

Dortmund 2006: Der Kiosk der Familie Kubaşık kurz nach dem Mord an dem dreifachen Familienvater (Foto: Nils Foltynowicz)

Dortmund 2013: Ein Gedenkstein vor dem ehemaligen Kiosk in der Dortmunder Mallinckrodtstraße erinnert an Mehmet Kubaşık (Foto: Birgit Mair)

Tochter Gamze besuchte die Oberstufe des Berufskollegs für Wirtschaft und Verwaltung. Sie beschrieb ihren Vater als einen hilfsbereiten, gerechten und fröhlichen Menschen, der gerne arbeitete und an dessen Seite sie sich immer stolz und sicher fühlte. *„Wenn ich mit meinem Papa in der Stadt war, dann hatte ich das Gefühl, ganz Dortmund würde ihn kennen"*, erinnerte sich die Tochter. *„Viele Menschen holten sich gerne Rat bei ihm."*[96] In vier Wochen wollte er seinen vierzigsten Geburtstag

feiern. Für die Sommerferien 2006 planten die Kubaşıks einen Familienurlaub. Zuerst wollte Herr Kubaşık die Familie seiner Eltern besuchen und anschließend zwei Wochen den Strand genießen.

Am Morgen des 4. April 2006 frühstückte Mehmet Kubaşık mit seiner Frau. Weil sie Besuch von ihrer Schwester aus London hatte, übernahm ihr Mann die Mittagsschicht in der *„Trinkhalle"*. Tochter Gamze

brachte den kleinen Bruder in den Kindergarten, ging zur Schule und wollte ihren Vater am Nachmittag ablösen. Als sie zurückkam, war er tot. Wie zuvor sieben andere Einzelhändler mit Einwanderungsgeschichte, die nicht in das rassistische Weltbild von Neonazis passten, wurde auch er mit derselben Waffe ermordet. Gamze war damals zwanzig Jahre alt, ihre Brüder sechs und zwölf. Der ermordete dreifache Familienvater wurde nur 39 Jahre alt.[97]

»Mein Sohn starb in meinen Armen«

Der Kasseler Schüler Halit Yozgat war das jüngste Mordopfer

Gedenken für Halit Yozgat in Kassel
(Foto: picture alliance / dpa)

Halit Yozgat wurde 1985 in Kassel geboren. Fünfzehn Jahre hatte die Familie in der Holländischen Straße gelebt, wo sie später ein Internetcafé eröffnete. Halits Vater zog 1970 nach Deutschland. Dort kamen auch die vier Schwestern von Halit zur Welt. Der Junge fühlte sich in Kassel zuhause. Sein Vater erinnerte sich: *„Wenn wir früher in den Ferien in die Türkei gefahren sind, haben meine Kinder immer nach einer Woche gesagt: ‚Papa, wir wollen wieder nach Hause.'"*[98] 2004 eröffnete Halit Yozgat mit Hilfe seines Vaters in der Holländischen Straße 82 ein „Tele-Internet-Café" mit sechs Telefonzellen. Im hinteren Bereich standen sieben Computer mit Internetzugang.

In dem Viertel lebten viele Menschen aus Einwandererfamilien, die das Angebot nutzten. In unmittelbarer Nähe befand sich auch Halits türkischer Kulturverein. Freunde erinnerten sich an Halit Yozgat als *„ruhigen und religiösen"* Menschen. Seit seinem 18. Geburtstag besaß er die deutsche Staatsangehörigkeit. Seit einiger Zeit besuchte er nach der Arbeit die Abendschule.[99] Halit wollte das Abitur nachholen und Informatik studieren.[100]

Am 6. April 2006 wartete Halit Yozgat kurz vor 17 Uhr ungeduldig auf seinen Vater, der ihn ablösen sollte. Er wollte pünktlich in der Abendschule sein. Das Internetcafé war gut besucht: Im Hinterzimmer surften mehrere Menschen im Internet, im vorderen Raum waren zwei Telefonzellen besetzt. Im selben Raum befand sich auch der Verkaufstresen, hinter dem sich Halit aufhielt.[101]

Normalerweise erledigte Halit seine Hausaufgaben im Internetcafé. Als Herr Yozgat kurz nach fünf im Internetcafé ankam, fand er seinen Sohn sterbend

In dieser Häuserzeile in der Holländischen Straße in Kassel befand sich im Erdgeschoss das Internetcafé von Halit Yozgat (Foto: Birgit Mair 2013)

vor. Der Vater erinnerte sich: *„Ich nahm ihn in den Arm, seine Augen verfärbten sich violett."*[102] Der 21-Jährige starb wenig später am Tatort. Die Tatwaffe: Eine Česká mit Schalldämpfer. In den sechs Jahren davor wurden damit acht unschuldige Menschen ermordet. Anders als bei den vorangegangenen Morden waren diesmal weitere Personen in der Nähe des Mordopfers. Zudem befand sich in unmittelbarer

Kassel 2006: Nach dem Mord an Halit Yozgat demonstrierten mehrere tausend Menschen für die Aufklärung der Mordserie (Foto: HNA Hessische Allgemeine/Heiko Meyer)

Nähe des Tatorts eine Polizeiwache. Dies zeigt die Unerschrockenheit, mit der die Neonazis vorgingen.

Wie sich später herausstellte, hielt sich bis unmittelbar vor dem Mord an Halit Yozgat auch ein Mitarbeiter des Landesamtes für Verfassungsschutz Hessen in dem Internetcafé auf. Die Tatsache, dass dieser sich nach dem Mord nicht als Zeuge gemeldet hatte, warf schon damals Fragen auf. In der Privatwohnung des Verfassungsschützers wurden abgetippte Auszüge aus Hitlers *„Mein Kampf"* gefunden. Als V-Mann-Führer hatte er auch Kontakt zu Neonazis.[103]

»Mit der Einstellung bei der Polizei hat sich für sie ein Traum erfüllt«

Die Polizistin Michèle Kiesewetter wurde in Heilbronn erschossen - ihr Kollege überlebte schwer verletzt

Michèle Kiesewetter wurde am 10. Oktober 1984 in Neuhaus in Thüringen geboren. Sie wuchs bei ihrer Mutter und ihrem Stiefvater in der kleinen thüringischen Gemeinde Oberweißbach auf, in der für Jugendliche nicht viel geboten war. Im Winter nahm das sportliche Mädchen an Biathlonwettbewerben teil, im Sommer hielt sie sich mit Crossläufen fit. Nach dem Abschluss der Realschule besuchte sie die Fachoberschule, Fachrichtung Soziales, in Unterwellenborn. Sie träumte aber immer davon, Polizistin zu werden. Nach einigen Bewerbungen erhielt sie eine

Michèle Kiesewetter (Foto: privat)

Zusage als Polizeimeisteranwärterin. Am 1. März 2003 begann sie ihre Polizeiausbildung in Biberach, wofür sie den Umzug nach Baden-Württemberg in Kauf nahm. Mit neunzehn Jahren wurde sie Polizistin. *„Mit der Einstellung bei der Polizei hat sich für sie ein Traum erfüllt. Sie hat ihren Beruf geliebt"*, erinnerte sich ihre Mutter.[104] Nach der Ausbildung wurde Michèle Kiesewetter nach Böblingen versetzt und zog 2005 in Nufringen mit einer Freundin in eine Zweier-Wohngemeinschaft. Immer wieder reiste sie nach Thüringen, um Verwandte oder Freunde

Heilbronn 2007: In diesem Polizeiwagen auf der Heilbronner Theresienwiese wurde Michèle Kiesewetter ermordet. Das Bild zeigt die Spurensicherung am Tag des Verbrechens (Foto: Ralf Seidel)

zu besuchen. Die junge Bereitschaftspolizistin arbeitete nun in einer Beweissicherungs- und Festnahmeeinheit.[105] Am 25. April 2007 begann der Arbeitstag für Michèle Kiesewetter und ihren Kollegen bereits früh am Morgen. Die beiden gingen Streife in Heilbronn. Nach zwei Stunden machten sie auf der dortigen Theresienwiese Rast. Nach einer Einsatzbesprechung im Polizeirevier pausierten sie erneut auf einem Parkplatz auf der Theresienwiese. Sie blieben im Auto sitzen, die Fenster geöffnet. Sie aßen Brötchen und rauchten. Gegen 14 Uhr setzte ein beunruhigter

Passant einen Notruf ab. Als der Notarzt eintraf, war die junge Polizistin tot, ihr Kollege lebte noch. Den beiden war von hinten in den Kopf geschossen worden. Mit Gewalt waren ihnen die Polizeiwaffen vom Körper gerissen, der Polizeibeamtin zusätzlich die Handschellen und andere Ausrüstungsgegenstände entwendet worden. Der 24-jährige Kollege, der schwer verletzt überlebte, lag mehrere Wochen im Koma. Durch den Kopfschuss und die lebensbedrohlichen Folgen wird er für den Rest seines Lebens physisch und psychisch leiden.[106]

Michèle Kiesewetter (Foto: privat)

Michèle Kiesewetter wurde nur 22 Jahre alt. In Heilbronn erinnert eine Gedenktafel an die junge Frau. Auch diese wurde – wie viele andere Mahnmale für die Opfer des NSU – geschändet und musste erneuert werden.[107]

Anstatt nach Neonazis zu fahnden, wurden Sinti und Roma als Täterinnen und Täterinnen verdächtigt und öffentlich an den Pranger gestellt. Der einzige Grund hierfür war, dass einige der Schaustellerinnen und Schausteller, die zu der Minderheit gehörten, am Tattag auf der Heilbronner Theresienwiese das alljährliche Maifest mit aufbauten.[108] Weder Michèle Kiesewetter noch ihr schwer verletzter Kollege hatten einen so genannten Migrationshintergrund oder waren Angehörige der Gruppe der Sinti und Roma. Sie wurden angegriffen, weil sie Polizeibeamte waren. Dateien, die im Brandschutt des letzten NSU-Verstecks sichergestellt wurden, weisen in diese Richtung. Dass Neonazis als mögliche Täterinnen

Michèle Kiesewetter (Foto: privat)

Michèle Kiesewetter (Foto: privat)

und Täter bei den Ermittlungen
kaum eine Rolle spielten,
verwundert auch deshalb, weil auch
Polizeibeamte bereits Opfer von
Naziattacken geworden waren.[109]

Zwar war Michèle Kiesewetter
bei zahlreichen rechten Demonstrationen als Polizistin im Einsatz,
doch die Tatsache, dass sie vor der
Tat mehrfach ihren Dienst tausch-
te, spricht eher dafür, dass sie ein
Zufallsopfer war.[110] Dass der am
Tag ihrer Ermordung zuständige
„Gruppenführer" einige Jahre zuvor
Mitglied des rassistischen „Ku Klux
Klan" war, ist per se ein Skandal,
der im Rahmen von NSU-Untersuchungsausschüssen ans Tageslicht
befördert wurde, aber keine weiteren Konsequenzen nach sich zog.[111]

Heilbronn 2012: Eine Gedenkplakette auf der Theresienwiese erinnert an den Mord an
der jungen Polizistin. Das Todesdatum von İsmail Yaşar ist auf dem Gedenkstein falsch
angegeben. Er wurde am 9. Juni 2005 ermordet (Foto: Mark Mühlhaus / attenzione)

Bomben
gegen Migrantinnen und Migranten:
Der Terror des NSU in Nürnberg und Köln

Die Pilsbar „Sonnenschein" in der Nürnberger Scheurlstraße, einen Tag nach dem Bombenanschlag (Foto: Nürnberger Nachrichten / Karlheinz Daut 1999)

Rohrbombenanschlag auf die Pilsbar „Sonnenschein" in Nürnberg 1999

Am Nachmittag des 23. Juni 1999 explodierte in der Pilsbar „Sonnenschein" in der Nürnberger Scheurlstraße eine Rohrbombe.[112] Der damals 18-jährige Wirt hatte sich einen Traum erfüllt und eine Kneipe eröffnet. Am Tag nach der Eröffnungsparty entdeckte er in einem Toilettenraum eine dreißig Zentimeter lange, vermeintliche Taschenlampe. Als er sie anknipsen wollte, explodierte der Sprengsatz. Der junge Mann wurde mehrere Meter durch den Raum geschleudert. Da die Rohrenden nicht professionell befestigt waren und der Druck seitlich entweichen konnte, entfaltete die Bombe ihre potenziell tödliche Wirkung nicht. Dennoch wurde der Nürnberger erheblich verletzt. Splitter steckten in seinem Gesicht und im Oberkörper.[113]

Nürnberg 2019: Birgit Mair und Mehmet O. bei einer Veranstaltung im Rahmen der Ausstellung „Die Opfer des NSU und die Aufarbeitung der Verbrechen" in der Villa Leon (Foto: Roland Sauer)

Dass der Bombenanschlag dem NSU zugerechnet werden kann, wurde erst am 11. Juni 2013 bekannt. An diesem Tag berichtete der Angeklagte Carsten S. im Münchner NSU-Prozess von einem Gespräch zwischen ihm und den beiden Neonazis Uwe Böhnhardt und Uwe Mundlos im Jahr 1999. An diesem Tag hatte S. den beiden in einem Chemnitzer Café eine Česká 83-Pistole übergeben. Beiläufig hätte einer der beiden „Uwes" erzählt, in Nürnberg *„in einem Laden eine Taschenlampe abgestellt"* zu haben, es habe *„aber nicht geklappt."*[114]

In der Presse war damals nur von leichten Verletzungen des Anschlagsopfers die Rede. Die polizeilichen Ermittlungen richteten sich auch gegen das Opfer; Schutzgelderpressung und Versicherungsbetrug standen im Raum.[115] Kurz nach der Tat hieß es in der Schlagzeile eines Artikels in einer örtlichen Zeitung: *„Bislang gibt es noch keinerlei Hinweise auf Drohungen oder Schutzgelderpressungen."*[116] Laut Polizei habe es zudem keine *„Hinweise auf einen ausländerfeindlichen Hintergrund"* gegeben.[117] Dass Mehmet O., der die Kneipe erst kurz vorher übernommen hatte, aus einer türkischen Familie kam, war von außen nicht zu erkennen. Wer dem NSU den Hinweis auf dieses Anschlagsziel gegeben hat, ist bis heute nicht klar.

»Ich habe es in Nürnberg nicht mehr ausgehalten und bin weggezogen«

Mehmet O., Überlebender des Bombenanschlags in Nürnberg

Mehr als vierzehn Jahre lang wusste Mehmet O. nicht, wer ihn ermorden wollte. Neunzehn Jahre nach dem Anschlag berichtete der Mann, der seinen echten Namen aus Angst vor Neonazis verbirgt, erstmals öffentlich von den Folgen der Tat: „Acht Wochen musste ich gefüttert werden, ich habe Schmerzen gehabt. Ich habe Angst gehabt, vor die Tür zu gehen."[118] Die Besucherinnen und Besucher seiner Kneipe beschrieb er als „Multi-Kulti". Deutsche, Türken, Griechen, alle sollten sich bei ihm wohlfühlen.[119] Als Kind türkischer Gastarbeiterinnen und -arbeiter wurde Mehmet O. 1980 in Nürnberg geboren. Er absolvierte ein Berufsvorbereitungsjahr

im Berufsbildungszentrum am Berliner Platz, besuchte in seiner Freizeit gerne das Bowlingcenter Brunswick und schaute sich Eishockeyspiele der Ice-Tigers im damaligen Linde-Stadion an. Mitte der 1990er Jahre, im Vorfeld eines dieser Spiele, hielten er und seine Freunde sich vor einem Dönerstand auf. Dort wurden sie von Neonazis rassistisch beleidigt; aus Angst liefen die Jugendlichen davon. Ein Freund wurde allerdings erwischt und brutal zusammengeschlagen. Die Eltern des Jungen erstatteten Anzeige; ein Täter wurde jedoch nicht ermittelt, wie sich Mehmet O. erinnerte.[120] Trotz derartiger Alltagserfahrungen war Nürnberg bis zur Explosion der Rohrbombe im Jahr 1999 seine Heimat. Fünf Jahre nach dem Anschlag auf seine Kneipe verließ er die Stadt, eine Folge der Verdächtigungen gegen ihn. Er berichtete, dass er die ständige Angst nicht mehr ausgehalten habe.[121]

In sein neues Leben platzten 2013 Polizeibeamte des Bundeskriminalamts, die ihm mehr als einhundert Fotos vorlegten. Mehmet O. erkannte darauf eine

Zwanzig Jahre nach dem Anschlag wurde auf Initiative einer linken, antifaschistischen Gruppierung an der Hauswand der ehemaligen Nürnberger Kneipe eine Gedenktafel angebracht (Foto: Birgit Mair)

In diesem Eckhaus in der Kölner Probsteigasse befand sich der kleine Lebensmittelladen (Foto: Birgit Mair 2013)

Frau. Dass es sich um die Ehefrau des damals im NSU-Prozess angeklagten Neonazis André E. handelte, sagten ihm die Beamten nicht. Dies erfuhr er später von Journalisten.[122] Mehmet O. bedauerte, dass sein Fall weder im NSU-Prozess noch im ersten und bisher einzigen bayerischen NSU-Untersuchungsausschuss eine Rolle gespielt hat.[123] Noch immer meidet das Anschlagsopfer die Nähe des ehemaligen Tatorts. Dieser Ort belaste ihn nach wie vor sehr. Dies berichtete er auf einer öffentlichen Veranstaltung fast zwanzig Jahre später in seiner ehemaligen Heimatstadt Nürnberg.[124]

Da sich im NSU-Bekennervideo kein Hinweis auf diesen Anschlag findet, ist es denkbar, dass der NSU noch weitere, bisher nicht enttarnte Taten verübt hat.

Sprengfalle in Köln 2001

Kurz vor Weihnachten 2000 betrat ein Mann den kleinen Lebensmittelladen in der Kölner Probsteigasse, den eine iranisch-deutsche Familie betrieb. Er trug einen Einkaufskorb, in dem sich eine rot lackierte Christstollendose mit weißem Sternenmuster befand. Unter einem Vorwand ließ er den Korb im Laden stehen. Als die 19-jährige Tochter des Ladeninhabers den Einkaufskorb vier Wochen später, am 19. Januar 2001, wegräumen wollte und die Dose öffnete, explodierte eine Bombe. Das Opfer erlitt lebensgefährliche Verbrennungen im Gesicht und lag drei Monate im Koma. Das junge Mädchen wollte in den nächsten Monaten seine Abiturprüfung schreiben.[125]

47

Köln 2004: Der Friseursalon der Brüder Yıldırım direkt nach dem Anschlag in der Kölner Keupstraße (Foto: picture alliance / alltime media)

Nagelbombe

Blick in die Kölner Keupstraße neun Jahre nach dem neonazistischen Terroranschlag (Foto: Birgit Mair 2013)

in Köln 2004

Die Kölner Keupstraße ist eine belebte Einkaufsstraße mit überwiegend türkischen Läden und Restaurants. Hier explodierte am Nachmittag des 9. Juni 2004 eine Nagelbombe. Die Bombe war am Gepäckträger eines Fahrrads angebracht, wurde mit einer Funkfernsteuerung gezündet und detonierte vor dem Friseursalon der Brüder Yildirim in der Keupstraße 29. Durch achthundert umherfliegende zehn Zentimeter lange Zimmermannsnägel wurden mehr als zwanzig Menschen verletzt, vier davon schwer. Die meisten Opfer hatten türkische oder kurdische Wurzeln. Nur durch großes Glück gab es keine Toten. Im Umkreis von zweihundertfünfzig Metern gingen dreißig Fensterscheiben zu Bruch, sechzehn Häuser und fünfzehn Autos wurden beschädigt. Der Sachschaden betrug mehrere hunderttausend Euro.[126]
Im Rahmen des Münchner NSU-Prozesses berichteten Geschädigte der Kölner Bombenanschläge von ihren Verletzungen und von weiteren Folgeschäden. Geschildert wurden zum Beispiel schwerste körperliche Verletzungen durch umherfliegende

Die Initiative „Keupstraße ist überall" beteiligte sich an einer Demonstration am Tag der Urteilsverkündung in München (Foto: Birgit Mair 2018)

Nägel und Splitter. Ein Mensch musste eine Woche lang auf einer Intensivstation behandelt werden. Weitere erlitten erhebliche Schnittwunden, mussten sich zahlreiche Splitter entfernen lassen. Andere hatten schwere Verbrennungen zu bewältigen und mussten Hauttransplantationen über sich ergehen lassen. Und nicht zuletzt traten diverse Gehörschäden wie Taubheit oder Tinnitus auf. Hinzu kamen die psychischen und materiellen Folgeschäden. Diese reichten von posttraumatischer Symptomatik und damit verbundenen Einschränkungen der Belastbarkeit bis hin zu Jobverlusten.[127]

Die Bombe zerstörte das Schaufenster des Friseurladens der Yildirims. Durch Glasscherben wurden Hasan Yildirims Arme und sein Gesicht zerschnitten. Er war monatelang arbeitsunfähig.[128] Ein weiteres Opfer war Attila Özer, der während des Anschlags in dem Friseursalon saß. Die Witwe des Mordopfers beschrieb die Tat folgendermaßen: „Nägel steckten halb drin in seinem Kopf, seinem Gesicht und seinem Nacken". Der Familienvater starb dreizehn Jahre nach dem Anschlag.[129]

Raubüberfälle, Schläge und Schüsse:
Die Finanzierung des rassistischen Terrors

Von 1998 bis 2011 begingen Neonazis des
NSU mindestens fünfzehn Raubüberfälle. Die
bisher bekannt gewordenen Überfälle fanden in
Ostdeutschland statt. Die Täter gingen bei den
Raubüberfällen außergewöhnlich brutal vor. Sie
schlugen Angestellte und Kunden, verletzten sie
mit Reizgas und versetzten sie in Todesangst, indem
sie ihnen eine Waffe an die Schläfe hielten.

Acht Überfälle wurden allein im sächsischen Chemnitz
begangen. 1998 raubten die Neonazis dort einen
Edeka-Markt aus, 1999 und 2000 folgten Überfälle auf
Postfilialen. Bis zu ihrem ersten Mord an Enver Şimşek
hatten sie bereits 137.400 DM erbeutet, umgerechnet
etwa 72.600 Euro. In den Folgejahren überfielen die NSU-
Terroristen Banken in Zwickau (Sachsen). Die Beute in
den Jahren 2001 und 2002 betrug insgesamt etwa 86.600
Euro. Von 2003 bis 2005 überfielen sie vier verschiedene
Sparkassen in Chemnitz, ein Überfall scheiterte.
Dennoch raubten sie insgesamt über 107.000 Euro.

Diese Sparkasse im thüringischen Arnstadt wurde am 7. September 2011 von Neonazis des NSU überfallen (Foto: Thüringer Allgemeine/Eberhardt Pfeiffer)

Bei dem versuchten Raubüberfall auf eine Sparkasse
in Zwickau-Eckersbach im Jahr 2006 schossen die
Neonazis einem Auszubildenden in den Bauch. Er wurde
lebensbedrohlich verletzt. Einen Monat nach diesem
Vorfall raubten sie eine Sparkasse im mecklenburg-
vorpommerischen Stralsund aus. Dieselbe Bank
überfielen sie ein Jahr später noch einmal. Die bei beiden
Überfällen angeeignete Geldsumme betrug insgesamt
fast 255.000 Euro. Nach einer vierjährigen Pause schlugen
die Neonazis in Thüringen zu. In Arnstadt erbeuteten

sie 15.500 Euro. Der bewaffnete Überfall auf eine Bank
am 4. November 2011 im thüringischen Eisenach war
das letzte Verbrechen des NSU. Die dabei erbeuteten
72.000 Euro wurden in dem Wohnmobil entdeckt, in dem
die Neonazis Böhnhardt und Mundlos einige Stunden
nach diesem Überfall tot aufgefunden worden waren.

Insgesamt erbeuteten sie mehr als sechshunderttausend
Euro. Mit diesem Geld finanzierten sie unter anderem
die Morde und Bombenanschläge sowie ihr Leben im
Untergrund.[130]

Der „Nationalsozialistische Untergrund" (NSU) fliegt auf

Zwei tote Neonazis nach einem Banküberfall

Es war der letzte Raubzug der Neonazis des NSU. Am Morgen des 4. November 2011 erbeuteten zwei Männer bei einem bewaffneten Raubüberfall auf eine Sparkasse im thüringischen Eisenach 72.000 Euro. Sie flüchteten mit Fahrrädern in ein Wohnmobil, das sie in der Nähe abgestellt hatten. Gegen Mittag führte ein Zeugenhinweis zu den Verbrechern. Die heranrückende Polizei fand die Leichen der zwei Neonazis Uwe Mundlos und Uwe Böhnhardt. Man geht davon aus, dass Mundlos Böhnhardt erschoss und dann Selbstmord beging. Kurz vorher hatten sie das Wohnmobil in Brand gesetzt, um Spuren zu vernichten. Im Brandschutt des Campingmobils befanden sich neben dem erbeuteten Geld sowie Bekenner-DVDs zahlreiche Waffen, unter anderem die Dienstwaffen, die der ermordeten Michèle Kiesewetter und ihrem Kollegen 2007 in Heilbronn gewaltsam entwendet worden waren.[131]

Eisenach 4. November 2011: In diesem Wohnmobil lagen die Leichen von zwei NSU-Terroristen (Foto: picture alliance / dpa)

Sollten Spuren vernichtet werden? – In Zwickau flog ein Haus in die Luft

Am Nachmittag des 4. November 2011 wurde in der Frühlingsstraße 26 im sächsischen Zwickau ein Wohnhaus in Brand gesetzt. Im ersten Stock des Hauses hatten Uwe Mundlos, Uwe Böhnhardt und Beate Zschäpe seit 2008 unter falschen Namen gelebt. Das Anwesen wurde von Beate Zschäpe angezündet. Mehrere Liter Benzin wurden als Brandbeschleuniger verwendet. Nur durch viel Glück überlebten Handwerker, die an diesem Tag im Dachgeschoss des Hauses arbeiteten. Eine alte, gehbehinderte und schwerhörige Nachbarin entkam nur knapp den Flammen. Verwandte retteten sie in letzter Minute aus ihrer Wohnung im ersten Stock.

Die damals 89-Jährige verlor ihre liebgewonnene Wohnung. In der Folgezeit lebte sie in einem Pflegeheim.[132]

Im Brandschutt der Neonazi-Wohnung entdeckte man ein Dutzend Waffen, darunter die jahrelang gesuchte Pistole der Marke Česká, mit der zwischen 2000 und 2006 neun Migranten ermordet worden waren. Zudem fand man die Waffen, mit der Michèle Kiesewetter erschossen und ihr Kollege schwer verletzt worden waren. Auf einem PC entdeckte die Polizei das Bekenner-Video zur Mordserie und zu den Kölner Bombenanschlägen.[133] Die Herkunft des Großteils der Waffen des NSU wurde bisher nicht aufgeklärt.[134]

Diese Waffen wurden am 4. November 2011 im Wohnmobil in Eisenach sowie in der Wohnung der NSU-Terroristen in der Zwickauer Frühlingsstraße gefunden. Sie wurden durch den Brand teilweise beschädigt (Foto: picture alliance / dpa)

Bekennervideo des NSU

Im Brandschutt des Zwickauer Hauses und im Eisenacher Wohnmobil wurden DVDs gefunden, auf denen sich der „Nationalsozialistische Untergrund" (NSU) zu den beiden Kölner Bombenanschlägen und zehn Morden bekannte. Die DVDs waren nach dem Auffliegen des NSU bundesweit unter anderem an muslimische und linke Organisationen sowie an Zeitungen verschickt worden.[135]

Die beliebte Comicfigur „Paulchen Panther" wurde für das 15-minütige Propagandavideo missbraucht. In dem Video wurden Fotos der zehn Mordopfer sowie die Kölner Bombenanschläge gezeigt und Bilder aus Fernsehbeiträgen eingeblendet, in denen die verletzten Menschen und zerstörten Geschäfte in der Kölner Keupstraße gezeigt wurden. Das Video beinhaltete auch Fotos, die einige der Opfer blutüberströmt am Tatort zeigten. Diese Bilder müssen von den Mördern selbst oder einer Helferin bzw. einem Helfer am Tatort geschossen worden sein. Am Anfang des Videos wurde die Erschießung eines Polizisten angedeutet. Am Schluss wurde auf eine zweite DVD hingewiesen: Neben dem Schriftzug *„Paulchens neue Streiche"* sah man Fotos von der Spurensicherung am Heilbronner Tatort, an dem 2007 Michèle Kiesewetter ermordet worden war, sowie ein Foto der jungen Polizistin.[136]

Das gefühlskalte Video wirkt auf den Betrachter verstörend, verharmlosend und makaber.

Zwickau 5. November 2011: Das Bild zeigt das zerstörte Haus am Tag nach der Explosion. Hier hatten Böhnhardt, Mundlos und Zschäpe seit 2008 unter falschen Namen gelebt (Foto: Andreas Wohland)

Neonazistische Terrorkonzepte im Kontext der 1990er Jahre

Das gesellschaftliche Klima, in dem der NSU entstand, war von Pogromen gegen Geflüchtete, einer mit neonazistischen Umtrieben überforderten Polizei sowie einem übersteigerten Nationalismus geprägt, der sich nach dem Ende der DDR im vereinten Deutschland entlud. In den ersten zehn Jahren der deutsch-deutschen Vereinigung ermordeten Neonazis mehr als einhundert unschuldige Menschen.[137]

In diesem nationalistischen Taumel wuchsen Beate Zschäpe, Uwe Böhnhardt und Uwe Mundlos auf. Die drei waren bereits Mitte der 1990er Jahre eng befreundet und wurden auch damals schon als „Trio" wahrgenommen. Dennoch verfügten sie über mannigfaltige Kontakte zu anderen, männlichen wie weiblichen Neonazis.

Bereits 1995 wurden sowohl in Zschäpes als auch in Böhnhardts Wohnung Waffen gefunden. Ein Jahr darauf fand die Polizei in einem mit Zschäpe, Böhnhardt, Mundlos und Holger G. besetzten PKW unter anderem eine Gaspistole, eine Luftdruckpistole, einen Schlagstock mit eingebauter Reizgassprühvorrichtung sowie ein Faustkampfmesser.[138] Die Neonazis waren damals gerade mal um die zwanzig Jahre alt. 1997 verdächtigte man das Trio unter anderem, Bomben auf öffentlichen Plätzen in Jena deponiert zu haben.[139]

Bisher ist nicht geklärt, ob es in dieser Brutphase des NSU eine Anführerin oder einen Anführer gab und wie sich die terroristische Gruppierung entwickelte.

Eines dürfte die gelernte Gärtnerin Beate Zschäpe jedenfalls nicht gewesen sein: Eine Mitläuferin. 1995 meldete sie in Jena eine Demonstration „gegen die Internationalisierung durch die EG" an.[140] Regelmäßig nahm sie bundesweit an rechten Aufmärschen teil. Ihre beiden Freunde, Uwe Mundlos und Uwe Böhnhardt, hatten Hausverbot in der KZ-Gedenkstätte Buchenwald, weil sie dort in SA-ähnlicher Uniform aufmarschiert waren.[141] Böhnhardt machte sich bis zu seinem zwanzigsten Lebensjahr wegen Diebstahl, Erpressung mit gefährlicher Körperverletzung sowie Volksverhetzung strafbar.[142] Er hatte eine mit einem „Judenstern" versehene Puppe an eine Autobahnbrücke gehängt. Die Puppe war über Elektrokabel mit Bombenattrappen verbunden worden.[143] Im Oktober 1997 wurde Böhnhardt zu zwei Jahren und drei Monaten Jugendstrafe verurteilt.[144] Auch gegen Uwe Mundlos, den Sohn eines Professors der Fachhochschule Jena, liefen in den 1990er Jahren Ermittlungsverfahren. 1992 verwarnte ihn das Kreisgericht Jena wegen gefährlicher Körperverletzung. Ein Verfahren wegen Volksverhetzung wurde 1995

In der Garage Nr. 5 des „Garagenvereins an der Kläranlage e.V." in Jena wurden im Januar 1998 neben Bomben und Sprengstoff auch Kontaktlisten mit Namen und Telefonnummern von Neonazis und V-Leuten gefunden (Foto: Timo Jaworr)

eingestellt. Mitte der 1990er erhielt er eine Geldstrafe, weil er Kennzeichen verfassungswidriger Organisationen herstellte. Er trug Visitenkarten mit seiner Adresse und einem Bild von Adolf Hitler bei sich.[145]

Am 26. Januar 1998 fand die Polizei in einer von Beate Zschäpe angemieteten Garage in Jena Rohrbomben und TNT-Sprengstoff. Böhnhardt floh vor den Augen der Polizei und tauchte gemeinsam mit Zschäpe und Mundlos unter. Damit entzogen sie sich der drohenden Verhaftung. Mehr als dreizehn Jahre lang lebten sie unbemerkt in Sachsen. Vor ihrem Abtauchen waren sie im „Thüringer Heimatschutz" aktiv und hatten Verbindungen zur militanten „Blood & Honour"-Bewegung. Beide Neonazi-Gruppierungen können als Brutstätten des NSU bezeichnet werden.

Musik & Terror: Blood & Honour

Der spätere NSU-Terrorist Uwe Mundlos lernte 1994/95 bei der Bundeswehr in Bad Frankenhausen den Umgang mit Waffen. Zu dieser Zeit pflegte er bereits freundschaftliche Kontakte zur militanten Blood & Honour-Szene, einem internationalen Neonazinetzwerk, das unter anderem Konzerte mit menschenverachtender Musik organisierte. 2000 wurde es in Deutschland verboten.[146] V-Leute der Verfassungsschutzbehörden waren auch in dieser Szene aktiv.[147]

Es ist denkbar, dass der NSU nach dem Vorbild des „Führerlosen Widerstands" handelte. Dieses Neonazi-Konzept propagierte den Aufbau geheimer Gruppen, die aus dem Untergrund heraus Terror verbreiten sollten. Eng verbunden mit „Blood & Honour" war die militante neonazistische Organisation „Combat 18".[148]

Demonstration für den Hitler-Stellvertreter Rudolf Heß in Worms am 17. August 1996. In der vorderen Reihe saßen nebeneinander auf dem Boden:

Jens Pühse (damals Funktionär der NPD-Jugendorganisation JN, später NPD-Bundesgeschäftsführer), rechts von ihm Tino Brandt (damals V-Mann des thüringischen Verfassungsschutzes), daneben Uwe Mundlos (späterer NSU-Terrorist) sowie Beate Zschäpe und Ralf Wohlleben. Letzterer war lange Jahre Funktionär der NPD (Foto: antifaschistisches pressearchiv und bildungszentrum berlin e.v. – apabiz)

Zahlreiche V-Leute im Umfeld des NSU

Legende:

- **BayLfV** *Bayerisches Landesamt für Verfassungsschutz*
- **BfV** *Bundesamt für Verfassungsschutz*
- **GP** *Gewährsperson; diese soll dem Geheimdienst logistische oder sonstige Hilfe leisten, ist aber keine V-Person*
- **He-LfV** *Landesamt für Verfassungsschutz Hessen*
- **LfV BaWü** *Landesamt für Verfassungsschutz Baden-Württemberg*
- **LfV NRW** *Landesamt für Verfassungsschutz Nordrhein-Westfalen*
- **LfV SN** *Landesamt für Verfassungsschutz Sachsen*
- **LKA Bln** *Landeskriminalamt Berlin*
- **MAD** *Militärischer Abschirmdienst*
- **T-LfV** *Thüringer Landesamt für Verfassungsschutz*
- **VP** *Vertrauensperon, wird oft auch als „V-Mann" bezeichnet, in der Mehrzahl „V-Leute"*
- **VS BB** *Verfassungsschutz Brandenburg*
- **?** *Identität oder Verbindung ungeklärt*
- **„...."** *Geheimdienstlicher Tarnname*
- **§** *Angeklagt im NSU-Prozess*

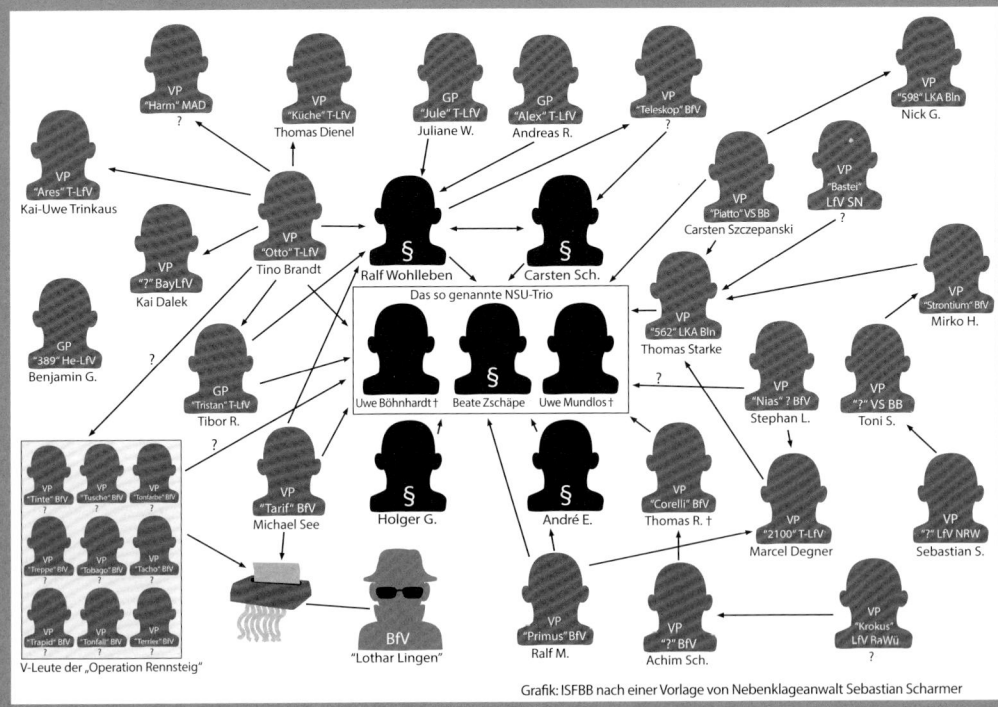

Grafik: ISFBB nach einer Vorlage von Nebenklageanwalt Sebastian Scharmer

Die Grafik zeigt Verbindungen zwischen mehr als zwanzig neonazistischen V-Leuten und den fünf im Münchner NSU-Prozess Verurteilten bzw. den beiden verstorbenen NSU-Mitgliedern Uwe Mundlos und Uwe Böhnhardt[149]. Sebastian Scharmer, der Gamze Kubaşık, die Tochter des Dortmunder Mordopfers, im NSU-Prozess vertrat, wies während seines 2017 in München gehaltenen Plädoyers auf die staatlichen Verstrickungen mit dem NSU-Netzwerk hin.[150] Rechnet man die V-Leute dazu, die Kontakt zu Unterstützerinnen und Unterstützern des NSU hatten, ist die Anzahl der staatlich bezahlten so genannten Quellen im NSU-Netzwerk noch wesentlich größer als hier dargestellt.

Was sind V-Leute?

V-Personen (Verbindungs- oder Vertrauenspersonen) des Verfassungsschutzes in der neonazistischen Szene sind überzeugte Neonazis, die dem Geheimdienst gegen Geld oder Sachleistungen Informationen über die rechte Szene liefern sollen. Nicht einmal gewählte Abgeordnete erfahren, wer diese V-Leute sind, geschweige denn die Öffentlichkeit. Dieses Verfahren nennt der Geheimdienst „Quellenschutz". Es kam vor, dass neonazistische V-Leute für begangene Straftaten nicht verurteilt wurden. Der Verfassungsschutz und das V-Leute-System gerieten nach dem NSU-Skandal in die Kritik, weil die Mordserie trotz zahlreicher V-Leute im Umfeld der Rechtsterroristen nicht verhindert wurde.

Am 8. November 2011 flog der NSU auf. Der in der Grafik dargestellte Mann mit Hut symbolisiert einen Beamten mit dem Tarnnamen „Lothar Lingen", der am 11. November 2011, also drei Tage später, im Bundesamt für Verfassungsschutz in Köln Akten zu V-Leuten aus der Thüringer Neonaziszene schreddern ließ. Durch die Vernichtung und die Sperrung von Akten fehlen heute wichtige Informationen zu Verbindungen zwischen eingesetzten V-Leuten und dem NSU. Von besonderer Brisanz sind die fehlenden Informationen zur Geheimdienstaktion „Operation Rennsteig", von der man weiß, dass V-Leute im Umfeld des „Thüringer Heimatschutzes" (THS) eingesetzt wurden, einer Vorläufergruppe des NSU."[151]

Während die Bundesanwaltschaft im NSU-Prozess die These propagierte, der NSU sei ein abgeschottetes Trio gewesen, wiesen die Anwältinnen und Anwälte der Opferfamilien auf weitere, mögliche Unterstützerinnen und Unterstützer der neonazistischen Terrorgruppe hin. Diesen Hinweisen wurde jedoch kaum nachgegangen, entsprechende Beweisanträge häufig abgelehnt. So wurde der ehemalige V-Mann Michael See[152] nicht nach München geladen, obwohl dieser 1998 von einem Neonazi gefragt worden war, ob er das abgetauchte Trio unterbringen könne.[153] Ralf M., ehemalige Nazi-Szenegröße in Zwickau, musste ebenfalls nicht im Prozess aussagen, obwohl Uwe Mundlos zeitweise in der Baufirma des ehemaligen V-Mannes gearbeitet haben soll und Fahrzeuganmietungen zeitlich mit zwei NSU-Morden korrespondierten.[154] Die Akte von Ralf M. wurde zwischenzeitlich vernichtet.[155] Andere V-Männer mit Bezügen zum NSU wurden zwar nach München geladen, beriefen sich aber auf Erinnerungslücken[156] (Szczepanski[157], Brandt[158]), logen, was ihre V-Mann-Tätigkeit betraf (Degner[159]), beriefen sich auf das Auskunftsverweigerungsrecht (Starke[160]) oder spielten ihre eigene Rolle in der neonazistischen Szene herunter (Dalek[161]).

Aufklärung erst in dreißig Jahren?

Das Landesamt für Verfassungsschutz Hessen hatte NSU-relevante Akten zunächst für 120 Jahre gesperrt. Auf öffentlichen Druck hin wurde die Frist später auf dreißig Jahre reduziert. Damit bleiben wichtige Informationen zur hessischen Neonaziszene unter Verschluss.

Thüringer Heimatschutz:
Brutstätte des NSU

Die Rolle des V-Manns Tino Brandt

Beate Zschäpe, Uwe Mundlos, Uwe Böhnhardt und weitere Neonazis im Umfeld des späteren NSU waren in den 1990er Jahren unter anderem im „Thüringer Heimatschutz" (THS) aktiv.[162] In dieser neonazistischen Kameradschaft waren bis zu zweihundertfünfzig Neonazis vernetzt, darunter auch viele V-Leute des Thüringer Landesamtes für Verfassungsschutz. Aufgebaut und angeführt wurde die Gruppierung von Tino Brandt, einem V-Mann dieser Behörde.[163] Brandt organisierte Feste, Demonstrationen, Konzerte und so genannte Rechtsschulungen für die Neonaziszene in Thüringen und Nordbayern. Er pflegte den Kontakt mit der bayerischen Nazi-Szenegröße Kai Dalek,

Bereits in den 1990er Jahren existierten neonazistische Handbücher, die den bewaffneten terroristischen Kampf im Untergrund propagierten (Bildquelle: a.i.d.a.-Archiv München)

einem V-Mann des bayerischen Landesamtes für Verfassungsschutz.[164] Ende der 1990er Jahre arbeitete Brandt beim extrem rechten Verlag „Nation Europa" im oberfränkischen Coburg. Dort baute er nach Thüringer Vorbild den „Fränkischen Heimatschutz" auf. Einmal hatte der Zoll eine Lieferung von Büchern abgefangen, die an Brandt adressiert waren. Die Bücher behandelten Themen wie das Führen von Kleinkriegen, das Basteln von Rohrbomben und den Umgang mit Sprengstoff. Der Thüringer V-Mann behauptete erfolgreich, er habe die kriminellen Machwerke gar nicht bestellt. Das Verfahren gegen ihn wurde daraufhin eingestellt. Gegen Brandt wurden insgesamt fünfunddreißig Ermittlungsverfahren geführt, eines wegen Bildung einer kriminellen Vereinigung. Alle Verfahren gegen ihn wurden eingestellt.[165] Zwischen 1995 und 2001 erhielt er etwa zweihunderttausend D-Mark (ca. hunderttausend Euro) vom deutschen Staat. Nach eigenen Angaben floss das Geld in die Szene zurück.[166] Brandts Name und Telefonnummer standen auf der Kontaktliste von Uwe Mundlos, die 1998 in der von Beate Zschäpe angemieteten Garage gefunden worden war. Nach dem Abtauchen des Trios versuchte Brandt, Reisepässe für die Neonazis zu besorgen.[167] Er organisierte für die drei untergetauchten Neonazis Spendensammlungen und kaufte ihnen mehrere Exemplare des selbst gebastelten, antisemitischen Brettspiels „Pogromly" ab.[168] Vom Aufenthaltsort der drei habe er angeblich nichts erfahren.[169] Drei Jahre nach dem Auffliegen des NSU wurde Tino Brandt vom Landgericht Gera wegen sexuellen Missbrauchs von Kindern und Jugendlichen in sechsundsechzig Fällen zu fünfeinhalb Jahren Haft verurteilt.[170]

Bis heute nicht aufgeklärt:

Wer spionierte die NSU-Tatorte aus?

Gedenken an İsmail Yaşar in der Nürnberger Scharrerstraße (Foto: Birgit Mair 2015)

Seda Başay-Yildiz, Nebenklageanwältin der Familie Şimşek, analysierte die Nürnberg betreffenden Ausspähnotizen, die 2011 im Brandschutt des von Beate Zschäpe angezündeten Hauses in der Zwickauer Frühlingsstraße gefunden worden waren. Die Formulierung der Texte deutet darauf hin, dass nicht das Trio, sondern Helferinnen und Helfer vor Ort die Tatorte ausspioniert haben. Zu einem Asylbewerberheim in der Regensburger Straße 398 in Nürnberg hieß es beispielsweise: *„Viele Häuser, sehr weit draußen, großes Gelände"*. Die Bezeichnung *„sehr weit draußen"* weist auf die Perspektive einer Person hin, die im Stadtzentrum lebt. Dass Enver Şimşek seinen Nürnberger Blumenstand ausschließlich an den Wochenenden betrieb, konnten nur Ortsansässige wissen. Jahre nach Auffliegen des NSU wurde öffentlich, dass ein ehemaliger Nürnberger NPD-Funktionär Blumen bei Enver Şimşek gekauft hatte. Zudem soll der damalige Neonazi eine Beziehung mit der seinerzeit in Franken lebenden Neonazistin Mandy S. unterhalten haben, die dem Trio den ersten Unterschlupf organisiert hatte.[171]

Ausspähnotizen

>EG, großes Fenster, normales Wohnhaus, Nazis verbieten.<

>Problem: Tankstelle nebenan. Türke aus Tankstelle geht in jeder freien Minute zu reden rüber. Imbiss im Vorraum.<

>Keine Haus-Nr., linkes Gebäude, direkt vor Tunnel, Innenhof.<

>Viele Häuser, sehr weit draußen, großes Gelände<

>Scharrerstraße, neben Post, Imbiss.<

Das Netzwerk

1999 / 2000 lebten die drei unter falschen Namen in einer riesigen Plattenbausiedlung in der Chemnitzer Wolgograder Allee 76. Die Wohnung war von Neonazi André E. von April 1999 bis Ende August 2000 angemietet worden (Foto: Birgit Mair 2013)

Die personelle Zusammensetzung des NSU und seine Organisationsstruktur sind bislang ungeklärt. Nur von einem „NSU-Trio" statt von einem Netzwerk zu sprechen, scheint allerdings zu kurz gegriffen. Es ist davon auszugehen, dass eine derartige Tatserie nicht ohne ein größeres Netzwerk umgesetzt werden konnte. Auch im NSU-Bekennervideo hieß es, der „Nationalsozialistische Untergrund" sei ein „Netzwerk von Kameraden".

Als Mundlos, Zschäpe und Böhnhardt im Januar 1998 flüchteten, verfügten sie über bundesweite Kontakte zu mehreren hundert Personen, darunter vor allem Neonazis.[172] Mehrere Dutzend Namen von Neonazis des gesamten Bundesgebiets sind auf Kontaktlisten verzeichnet, die 1998 in einer von Zschäpe angemieteten Garage in Jena gefunden worden waren. Darunter auch die Namen neonazistischer V-Leute unterschiedlicher Verfassungsschutzbehörden.

2000 / 2001 lebten die drei in der Zwickauer Heisenbergstraße. Offizieller Mieter war Max Florian B. Der Mietvertrag lief vom 1. Juli 2000 bis zum 31. Mai 2001 (Foto: Birgit Mair 2013)

des NSU

Nach der Flucht 1998 lebte das Trio bis August 2000 in verschiedenen Wohnungen in Chemnitz (Sachsen). Ende August 2000 – kurz vor dem ersten Mord – zogen die drei dann in das vierzig Kilometer entfernte Zwickau, wo sie ebenfalls mehrmals den Wohnort wechselten. Angemietet und bezahlt wurden die konspirativen Wohnungen von befreundeten Neonazis.[173] Über dreizehn Jahre funktionierte das neonazistische Netzwerk. Von der Wohnung in der Zwickauer Polenzstraße 2 aus wurden die meisten der bisher bekannten Verbrechen begangen. Dort pflegte Beate Zschäpe freundschaftliche Kontakte zu Nachbarinnen und Nachbarn, denen sie Lügengeschichten über ihre Identität und die ihrer Mitbewohner auftischte.[174]

Von 2001 bis 2008 lebten Beate Zschäpe, Uwe Mundlos und Uwe Böhnhardt unter falschen Namen in diesem Eckhaus in der Zwickauer Polenzstraße. Offizielle Mieter waren Max Florian B. bzw. Matthias D. (Foto: Birgit Mair 2013)

Folgende Hilfeleistungen innerhalb des neonazistischen Netzwerks werden bisher angenommen:[175]

Hilfe beim Leben im Untergrund:
· Anmietung von Wohnungen
· Beschaffung von Kleidung und Möbeln
· Bezahlung der Mietraten
· Geldspenden aus der rechten Szene
· Ankauf eines von den Untergetauchten selbstgebastelten antisemitischen Spiels durch andere Neonazis

Hilfe bei der Beschaffung falscher Identitäten:
· Ausweispapiere
· Bahncards
· Krankenkassenkarten

Realisierung der Verbrechen:
· Beschaffung von Pistolen, Patronen, Schalldämpfern
· Herstellung von Sprengstoff und Bomben

· Stellvertretende Anmietung von Wohnmobilen
· Hilfe beim Auskundschaften der Opfer und Tatorte
· Erstellen von Feindeslisten

Hilfe durch logistische Unterstützung:
· Kauf von SIM-Karten
· Erwerb von Handys
· Stellvertretende Anmietung von PKWs

Hilfe durch emotionale Unterstützung:
· Organisierung der Treffen mit den Eltern
· Regelmäßige Besuche durch Neonazis
· Gemeinsame Urlaube mit Neonazis

Die polizeilichen Ermittlungen:

Hinweise auf Neonazis wurden konsequent ausgeblendet

Sowohl Angehörige der Mordopfer als auch Überlebende des Bombenanschlages in der Kölner Keupstraße wiesen immer wieder darauf hin, dass die Täter Rassisten oder Neonazis sein könnten.

„Wir haben gesagt, es könnte ein fremdenfeindlicher Angriff gewesen sein. Aber die Behörden konzentrierten sich auf Schutzgelderpressung. Darüber haben wir nur gelacht. Wir haben gesagt: Es war Fremdenfeindlichkeit. Dann haben sie [die Polizisten A.d.V.] gelacht. (...) Es ist ein 45-Quadratmeter-Laden. Wir fragten uns: Lohnt es sich, dafür eine Bombe zu basteln? Das ist rational nicht zu erklären", berichtete Özcan Yildirim, Mitinhaber des 2004 beim Nagelbombenanschlag zerstörten Friseurladens in der Kölner Keupstraße.[176]

Auch die Einschätzung des Bruders von Theodoros Boulgarides, für ihn sei der Täter *„ein ausgetickter Nazi, der durch die Lande reist und die Leute runter streckt"*, wurde nicht ernst genommen.[177]

Gamze Kubaşik, die Tochter des Dortmunder Mordopfers, sagte nach der Ermordung ihres Vaters zu einem ermittelnden Beamten: *„Das muss einen rechtsradikalen Hintergrund haben."* Der Ermittler habe geantwortet, das könne man nicht beweisen. Die Tochter zu dem Polizeibeamten: *„Aber dass mein Vater Drogen genommen hat oder etwas mit der Mafia zu tun hat, das fragen Sie mich bei jeder Vernehmung?"*[178]

Die Ausrede mit den fehlenden Bekennerschreiben

Von Anfang an wiesen Angehörige der Mordopfer sowie Überlebende der Bombenanschläge auf ihren Verdacht hin, es könnten rassistische Tatmotive vorliegen. Solche Hinweise wurden von den ermittelnden Beamten meistens mit der Ausrede abgeschmettert, es habe kein Bekennerschreiben oder sonstige Hinweise auf rechte Täter gegeben. Eine fatale Fehleinschätzung, denn bei Morden oder Brandanschlägen bekannten sich Neonazis in der Vergangenheit eher selten zu ihren Taten.[179]

Die Garagenliste wurde ignoriert

Am 26. Januar 1998 fand die Polizei in einer von Beate Zschäpe angemieteten Garage in Jena neben Rohrbomben, 1,4 Kilogramm TNT-Sprengstoff und einem türkenfeindlichen Hassgedicht auch mehrere Namens- und Telefonlisten. Diese wurden nicht beachtet und verstaubten im Asservatenkeller der Thüringer Polizei.[180] Erst im Zusammenhang mit den NSU-Untersuchungsausschüssen kamen die Listen ab 2012 auf den Tisch. Auf ihnen befanden sich die Namen einiger Dutzend Neonazis, beispielsweise aus den Tatortstädten Nürnberg und Rostock. Auch die Telefonnummer des ehemaligen NPD-Treffs „Tiroler Höhe" im Nürnberger Süden war aufgeführt.[181]

Antifaschistische Demonstration am 12. April 1995 gegen die „Tiroler Höhe" in der Nähe der ehemaligen SS-Kaserne in Nürnberg. Hier verkehrten auch spätere NSU-Terroristen (Foto: ISFBB-Archiv)

Kai Dalek (Mitte-rechts mit dunklem Shirt, Brille, Stoppelbart und Ordnerbinde) neben hochrangigen Neonazis wie Christian Worch und Jürgen Rieger bei einem Rudolf-Heß-Aufmarsch 1991 in Bayreuth (Foto: ISFBB-Archiv)

Neben Tino Brandt und den Namen und Telefonnummern anderer neonazistischer V-Leute verschiedener Verfassungsschutzämter war auch die Rufnummer von Kai Dalek aufgeführt, einem V-Mann des bayerischen Landesamtes für Verfassungsschutz. Dieser V-Mann organisierte unter anderem Gedenkmärsche für den Hitler-Stellvertreter Rudolf Heß und erhielt regelmäßig Staatsgelder.[182] Auch Zschäpe, Mundlos und Böhnhardt nahmen an solchen Heß-Gedenkmärschen teil.[183]

Frankfurt Main   http://www.buendnis-rechts.de/target/flugblatt/00_09_09nuernberg.htm

09.09.00 Nürnberg

○─○

NPD
Die Nationalen ▬

Kunstgeschichtliche Stadtführung in Franken Informationen über:

Redaktion Deutsche Stimme
Seelenbinder Str. 42

12555 Berlin

E-Post: DSRedak@aol.com

○─○

Die Rolle der NPD-Veranstaltung „Kunstgeschichtliche Stadtführung in Franken" am Tag des ersten NSU-Mordes mit der Angabe „09.09.00 Nürnberg" wurde bisher nicht geklärt (Quelle: ISFBB-Archiv)

Neonazistische Aktivitäten in zeitlicher Nähe des ersten NSU-Mordes in Nürnberg wurden ignoriert

Der erste Mord des NSU an dem Blumenhändler Enver Şimşek ereignete sich am 9. September 2000 auf dem Territorium des ehemaligen NS-Reichsparteitagsgeländes.[184]
Genau für diesen Tag hatte die NPD in Nürnberg eine *„Kunstgeschichtliche Stadtführung"* angekündigt.[185] Bereits zwei Wochen zuvor hatten Neonazis in der mittelfränkischen Großstadt ein Flugblatt verteilt, auf dem unter der Überschrift: „Unternehmen Flächenbrand" stand: *„1. September 2000, von jetzt an wird zurückgeschossen."*[186] Diese Aktivitäten spielten weder bei den Ermittlungen noch in der öffentlichen Debatte nach Bekanntwerden der NSU-Verbrechen eine relevante Rolle.

Titelseite der neonazistischen Zeitschrift „Der Angriff", Ausgabe April 2000 mit Kontaktanschrift in Schwabach/Mittelfranken (Quelle: ISFBB-Archiv)

Wurden die Opfer gezielt ausgesucht?

Kurz nach Bekanntwerden der NSU-Verbrechen Anfang November 2011 wurden an den Fallrohren des Hauses, in dem 2001 Abdurrahim Özüdoğru ermordet worden war, Reste neonazistischer Aufkleber entdeckt. Es handelte sich um Aufkleber der „Fränkischen Aktionsfront" (F.A.F.), die 2004 vom bayerischen Innenministerium verboten worden war. Anführer der F.A.F. war der damals in Nürnberg wohnhafte Neonazi Matthias Fischer, dessen Name und Telefonnummer ebenfalls auf der „Garagenliste" der späteren NSU-Terroristen stand. Da die polizeilichen Ermittler zu diesem Zeitpunkt gar nicht nach Neonazis suchten, konnten solche Verbindungen nicht hergestellt werden. Die Frage, ob die Aufkleber bereits zum Zeitpunkt des Mordes an Herrn Özüdoğru auf den Fallrohren des Tatortes in der Siemensstraße/ Gyulaer Straße Nürnberg klebten, wurde im Bayerischen NSU-Untersuchungsausschuss nicht geklärt.

Ende 2017 wurde bekannt, dass der Imbissstand İsmail Yaşars einige Monate vor dessen Ermordung durch den Neonazi Jürgen F. attackiert worden war. F. hatte eine Gipsfigur zerschlagen, die als Dekoration vor dem Imbisswagen stand.[187] Nachdem der Neonazi den Schaden nicht bezahlt hatte, stellte Herr Yaşar Strafantrag gegen ihn. Dies führte zu einer Verurteilung des Neonazis.

Diese neonazistischen Aufkleber befanden sich bis zum Jahr 2012 an den Fallrohren des Hauses, in dem 2001 Abdurrahim Özüdoğru ermordet worden war. Mittlerweile sind sie nicht mehr sichtbar (Foto: Birgit Mair)

Wie sich später herausstellte, hatte Jürgen F. Kontakt zu den beiden im NSU-Prozess verurteilten Neonazis Ralf Wohlleben und Holger G. und zu dem späteren NSU-Terroristen Uwe Mundlos. Gemeinsam besuchten sie am 18. Februar 1995 eine Skinhead-Veranstaltung in der Gaststätte „Tiroler Höhe" in Nürnberg.[188]

Auch der Rostocker Döner-Imbissstand, in dem Mehmet Turgut ermordet wurde, war bereits zuvor im Visier der Neonazis. Erst Anfang 2018 kam an die Öffentlichkeit, dass der Imbiss-Betreiber im Juni 1998 körperlich und einen Monat später durch einen Brandanschlag attackiert worden war. Die Behörden hatten weder die NSU-Untersuchungsausschüsse noch die Öffentlichkeit darüber informiert.[189] Die Ermittler stellten in beiden Fällen keinen Zusammenhang zu den Mordanschlägen her.

Bereits 2002 und 2005 gab es Hinweise auf eine Gruppe namens NSU

Der NSU agierte keinesfalls so abgeschottet, wie dies von Verfassungsschutz-Mitarbeitern in den NSU-Untersuchungsausschüssen permanent behauptet wurde. Ein Beispiel: In einer Anfang 2002 herausgegebenen Ausgabe der neonazistischen Publikation „Der weiße Wolf" fand sich auf Seite 2 direkt unter dem Vorwort folgender Anzeigentext: *„Vielen Dank an den NSU, es hat Früchte getragen ;-) Der Kampf geht weiter…"*

Schon im Jahr 2005 hatte ein neonazistischer V-Mann dem Bundesamt für Verfassungsschutz eine CD mit dem Titel *„NSU/ NSDAP"* übergeben. Bisher sind vier nahezu identische Kopien der CD in drei verschiedenen Bundesländern aufgetaucht.[190]

Zusammenfassend lässt sich Folgendes feststellen: Solange es darum ging, den ermordeten Migranten eine Verstrickung in kriminelle Machenschaften nachzuweisen, wurde von den ermittelnden Beamten jeder Strohhalm umgedreht. Hier wurde aus jedem noch so kleinen Hinweis eine „Spur" generiert, wie die Polizei es ausdrückt. Nach rechts schaute man erst nach sechs Jahren erfolgloser Ermittlungsarbeit. Im Vergleich zum immensen Ermittlungsaufwand gegenüber den Migranten waren die „Ermittlungen" im neonazistischen Milieu mehr als dürftig: Neben einer Alibi-Überprüfung eines bekannten Nürnberger Neonazis wurden bei neun weiteren Szenegrößen im Großraum Nürnberg polizeiliche „Gefährderansprachen" durchgeführt. Das bedeutet, man hat führende Neonazis aufgesucht und sie gefragt, ob sie etwas über die Mordserie an den Migranten wüssten.[191]

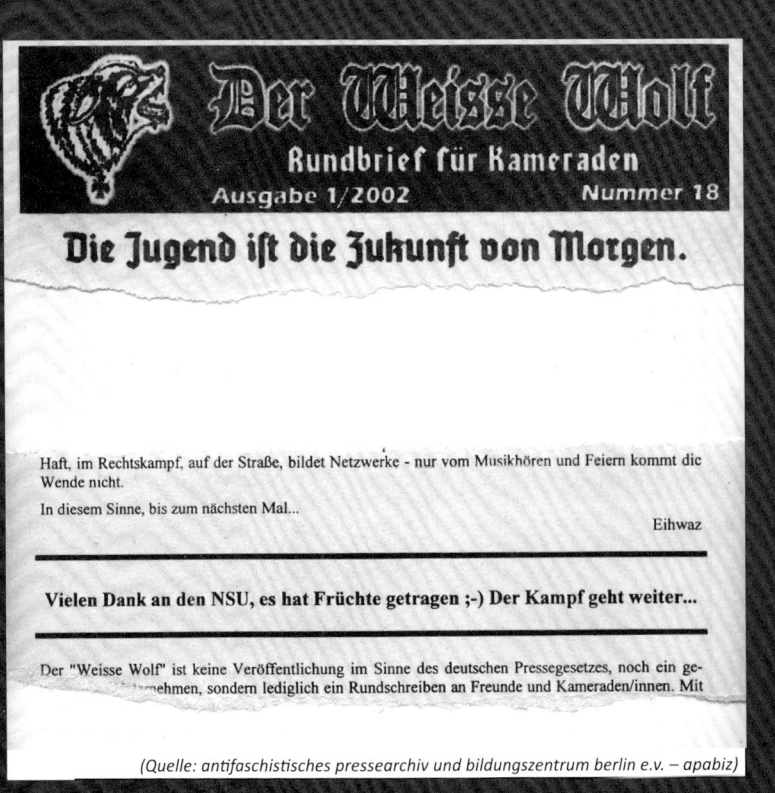

Der Weisse Wolf

Rundbrief für Kameraden

Ausgabe 1/2002 · Nummer 18

Die Jugend ist die Zukunft von Morgen.

Haft, im Rechtskampf, auf der Straße, bildet Netzwerke - nur vom Musikhören und Feiern kommt die Wende nicht.

In diesem Sinne, bis zum nächsten Mal…

Eihwaz

Vielen Dank an den NSU, es hat Früchte getragen ;-) Der Kampf geht weiter…

Der "Weisse Wolf" ist keine Veröffentlichung im Sinne des deutschen Pressegesetzes, noch ein ge-‌‌‌‌‌nehmen, sondern lediglich ein Rundschreiben an Freunde und Kameraden/innen. Mit

(Quelle: antifaschistisches pressearchiv und bildungszentrum berlin e.v. – apabiz)

Bayern: Ermittlungen gegen couragierten Polizeibeamten

Der bayerische Polizeibeamte Konrad Pitz berichtete im bayerischen NSU-Untersuchungsausschuss, bei einer Besprechung der „Besonderen Aufbauorganisation (BAO) Bosporus" – mutmaßlich im Jahr 2007 – sei vom „Nationalsozialistischen Untergrund" (NSU) als möglichem Urheber der Mordserie die Rede gewesen.[192] Gegen den Polizeibeamten wurde daraufhin wegen des Verdachts auf Falschaussage ermittelt. Als das Bundesamt für Verfassungsschutz im Herbst 2014 zugeben musste, bereits 2005 eine DVD mit Aufschrift *NSU/NSDAP* von einem V-Mann erhalten zu haben, wurden die Ermittlungen gegen Pitz eingestellt. Er steht auch heute noch zu seiner damaligen Aussage.[193]

Nach dem Nagelbombenanschlag in Köln: Hinweise britischer Ermittler auf Neonazis ignoriert

Nach dem Nagelbombenanschlag auf die Kölner Keupstraße ließ Scotland Yard der nordrhein-westfälischen Polizei einen Bericht über Nagelbombenanschläge zukommen, die ein britischer Neonazi namens David Copeland 1999 in London verübt hatte. Der Täter war durch die damals in der Neonaziszene kursierenden, rassistischen „Turner Diaries" inspiriert worden.[194] Die britischen Ermittler wiesen die Kölner Polizei darauf hin, dass hinter den Anschlägen in beiden Ländern rassistische Motive stecken könnten. Der Hinweis von Scotland Yard wurde offensichtlich ebenso ignoriert wie ein rassistisches Flugblatt, das ein halbes Jahr nach dem Keupstraßen-Anschlag in einer Kölner Straßenbahn gefunden worden war. Darin hieß es unter anderem: *„Wie Sie vielleicht wissen ist die Keupstraße bewohnt von sehr vielen Ausländern und das gefällt sehr vielen Deutschen nicht. Wenn Sie mich fragen war das erst der Anfang, es könnte noch schlimmer werden. Deutsche wehrt euch."*[195] [Fehler im Original]

Rassismus und Vorurteile prägten die polizeilichen Ermittlungen

Die polizeilichen Ermittlungen konzentrierten sich jahrelang ausschließlich auf die türkisch- bzw. griechischstämmigen Opfer und deren soziales Umfeld. Ohne Beweise unterstellte man den Mordopfern in schwerkriminelle Milieus verstrickt gewesen zu sein. In den zentralen Ermittlungseinheiten, die sich „Halbmond" und „Bosporus" nannten, arbeiteten vor allem Polizeibeamtinnen und -beamte, die auf „Organisierte Kriminalität" spezialisiert und entsprechend voreingenommen waren.

(Foto: Denis und Yulia Pogostins)

Lange Zeit ermittelten bis zu hundertsechzig Beamte mit großem Eifer im Umfeld der Mordopfer. Sie suchten die Täter in Holland, Frankreich und in der Türkei, verwanzten Autos von Opferangehörigen, hörten deren Telefonate ab und gaben sich als Journalisten aus, um die Hinterbliebenen auszuhorchen. Sie sprachen sogar mit Hellsehern und betrieben falsche Dönerbuden.[196]

Falsche Dönerimbisse

Die Polizei betrieb in Nürnberg und München Dönerbuden, um die vermeintlichen „Geschäftspraktiken" der türkischen Community auszuspionieren. Dies ist umso erstaunlicher, als nur eines der bayerischen Mordopfer in dieser Branche tätig war. Bundesweit waren es nur zwei. Über zwanzig Monate lang wurden die Dönerimbisse betrieben, doch kriminelle Machenschaften wurden nicht festgestellt. Die einzige Bedrohung ging von einem Rassisten aus, der mit Hinweis auf das damalige Fahndungsplakat der Mordserie sagte, die Türken müssten halt „so" heimgeschickt werden, wenn man sie nicht anders vertreiben könne. Damit bekundete er offen seine Sympathie mit der Ermordung der Migranten. Für die Ermittlungen hatte dieser Vorfall keinerlei Folgen.[197]

München 13. April 2013: Forderung auf der Demonstration zum Auftakt des NSU-Prozesses (Foto: Birgit Mair)

Im Fokus der Ermittlungen: Sinti und Roma, Dunkelhäutige und Türken

Einer Zeugin aus Nürnberg wurde eine Filmaufnahme vorgespielt, die kurz vor dem Anschlag auf die Kölner Keupstraße gemacht worden war. Hierauf erkannte sie einen der Männer, die sie kurz vor dem Mord an İsmail Yaşar in der Nähe des Nürnberger Tatorts gesehen hatte. Obwohl die Zeugin sagte, die Männer hätten eine helle Hautfarbe gehabt, legten ihr die ermittelnden Beamten in der Folge wohl ausschließlich Fotos von dunkelhäutig aussehenden Tatverdächtigen vor.[198]

Halbmond und Bosporus

Obwohl viele der Ermordeten mehr als zwanzig Jahre in Deutschland gelebt hatten, gab man der ab 1. Juli 2005 in Nürnberg angesiedelten polizeilichen Besonderen Aufbauorganisation (BAO) den Namen „Bosporus", den Namen einer Meerenge in der Türkei. Zu diesem Zeitpunkt waren bereits sieben Männer mit türkischen und / oder griechischen Wurzeln ermordet worden, fünf davon in Bayern. Zuvor war eine polizeiliche Sonderkommission nach dem Symbol der türkischen Nationalflagge „Halbmond" benannt worden.

Köln: Die Bombe nach der Bombe

Ein Überlebender des Bombenanschlags in der Kölner Keupstraße sagte einige Stunden nach der Explosion aus, er habe eine verdächtige Person mit „Käppi" und blonden Haaren gesehen. Der verhörende Polizist habe suggestiv gefragt, ob die Person *nicht etwas dunkelhäutiger*[199] gewesen sei. In den folgenden Wochen wurden das Anschlagsopfer und seine Verwandten wie Beschuldigte behandelt und observiert.[200] Dies war kein Einzelfall. Jahrelang wurde gegen die türkischen und kurdischen Opfer ermittelt.[201] Meral Sahin, die Vorsitzende der Interessensgemeinschaft Keupstraße, fasste das Erlebte zehn Jahre nach dem Anschlag folgendermaßen zusammen:

„Es gab zwei Bomben. Die eine, die hatte diese Wucht mit den Nägeln, und die andere war einfach der Rechtsstaat, der nicht funktioniert hat. Und das war eigentlich die größere Bombe".[202]

Heilbronn: Antiziganismus bei den Ermittlungen

Nach dem Mord an Michèle Kiesewetter wurden Sinti und Roma als Täterinnen und Täter verdächtigt und öffentlich an den Pranger gestellt. Der einzige Grund hierfür war, dass einige der Schausteller, die zu dieser Gruppe gehörten, auf der Heilbronner Theresienwiese das alljährliche Maifest mit aufbauten. Obwohl es keinerlei Beweise gab, sprach ein Ermittler gegenüber der Zeitschrift „Stern" öffentlich über Ermittlungen im „Zigeunermilieu".[203] Polizeibeamte nahmen DNA-Proben von mindestens 800 Angehörigen der Minderheit.[204] Zudem wurde ein Rom in Serbien befragt und mit Hilfe eines Lügendetektors bezichtigt, die Unwahrheit gesagt zu haben. Dokumentiert wurde in den Ermittlungsakten in antiziganistischer Manier, die Lüge sei *ein wesentlicher Bestandteil seiner Sozialisation".*[205] Auch in den Medien wurden abwertende, antiziganistische Begriffe im Kontext des Heilbronner NSU-Mordes verwendet.[206]

Die rassistische polizeiliche Fallanalyse

Nachdem bis zu 160 Polizistinnen und Polizisten jahrelang im Umfeld der Opfer gesucht, aber keine Belege für deren Verstrickung in die „Organisierte Kriminalität" gefunden hatten, wurde ein so genannter Fallanalytiker beauftragt, nach weiteren Mordmotiven zu suchen. Er schrieb in seiner „Operativen Fallanalyse" (OFA) im Frühjahr 2006, dass es auch Täter sein könnten, die aus Hass Türken töteten. Mit diesem Ergebnis wollte man sich aber offensichtlich nicht zufriedengeben und es wurde eine weitere „Operative Fallanalyse" in Auftrag gegeben, die vor Rassismus nur so strotzte. Ein kurzer Auszug:

„Vor dem Hintergrund, dass die Tötung von Menschen in unserem Kulturraum mit einem hohen Tabu belegt ist, ist abzuleiten, dass der Täter hinsichtlich seines Verhaltenssystems weit außerhalb des hiesigen Normen- und Wertesystems verortet ist."[207] Übersetzt heißt dies: Ausländer töten, Deutsche tun dies nicht, zumindest nicht in grausamer Form.

Die gesellschaftliche Aufarbeitung der Verbrechen

Die Verbrechen des NSU führten in Deutschland zu einer Debatte über die Verharmlosung neonazistischer Gewalt, Rassismus in den Behörden und mögliche Verstrickungen zwischen staatlichen Organen und der Neonaziszene.

Mehr als zehntausend Menschen kamen zur bundesweiten Demonstration für die Opfer des NSU im April 2013 nach München (Foto: Rüdiger Löster)

Aktivitäten der Zivilgesellschaft

Anfang November 2011 wurde bekannt, dass Neonazis hinter der bis dahin so genannten Česká-Mordserie und den Bombenanschlägen in Köln steckten. In den Jahren 2012 und 2013 wurden Angehörige der Ermordeten und Überlebende der Anschläge zu offiziellen Empfängen der Bundesregierung nach Berlin eingeladen.[208] Einige Angehörige glaubten damals noch an die offiziellen Aufklärungsversprechen.[209]

Die dreizehn parlamentarischen Untersuchungsausschüsse seit 2012 und der fünf Jahre andauernde Münchner NSU-Prozess trugen jedoch nur wenig zur Aufdeckung der Hintergründe der Verbrechen des NSU bei. Trotz der offiziellen Anerkennung der Opfer sind tiefgreifende Veränderungen im Umgang mit rassistischen Behördenstrukturen, mit staatlich bezahlten Neonazis (V-Leuten) sowie mit den Themen

Rassismus und Neonazismus bisher kaum erkennbar. Kritische Fragen im Hinblick auf das Helferinnen- und Helfernetzwerk des NSU wurden vor allem von Journalistinnen und Journalisten sowie von antifaschistisch Aktiven aufgeworfen und teilweise auch beantwortet.

Zivilgesellschaftliche Gruppierungen veranstalteten zahlreiche Tagungen, Vorträge und Demonstrationen. Oft beteiligten sich daran auch Angehörige der Mordopfer und Überlebende der Bombenanschläge. Buchpublikationen, Zeitungsartikel und Internetveröffentlichungen sind mittlerweile kaum noch zu überblicken.

Auch Theaterstücke und Kinofilme beschäftigten sich mit dem Thema. So machte das Theaterprojekt „NSU-Monologe" die Perspektive der Angehörigen der Ermordeten für ein breites Publikum deutlich.[210]

Nürnberg 2020: Podiumsgespräch anlässlich der Vorführung des Filmes „Spuren" im Dokumentationszentrum Reichsparteitagsgelände mit Abdulkerim Şimşek, dem Sohn von Enver Şimşek, Nebenklageanwältin Seda Başay-Yildiz, Moderatorin Ina Krauß und Filmemacherin Aysun Bademsoy (v.l.n.r.) (Foto: Birgit Mair)

Hof 2016: Das Zimmertheater Tübingen führte am Theater im oberfränkischen Hof das Gastspiel „Auch Deutsche unter den Opfern" auf (Foto: Birgit Mair)

Der 2019 produzierte Kinofilm „Spuren" der Filmemacherin Aysun Bademsoy gab einen empathischen Einblick in die Trauerarbeit und Verarbeitung des Geschehenen aus Sicht von Angehörigen der NSU-Opfer.[211] Die Künstlerin Veronika Dimke wiederum zeichnete Portraits der zehn Mordopfer.[212]

Hamburger Rathaus am 11. März 2016: Am Senatsempfang beteiligten sich auch Angehörige des in Hamburg ermordeten Süleyman Taşköprü (Foto: Birgit Mair)

Etwa dreitausend Menschen nahmen 2017 am ersten Tribunal „NSU-Komplex auflösen" teil, das sich unter Beteiligung von Betroffenen und Initiativen aus ganz Deutschland mit strukturellem Rassismus beschäftigte.[213] Mancherorts versuchten sich Stadtverwaltungen des Themas anzunehmen. Zum Beispiel vergeben die Städte München und Nürnberg seit 2015 regelmäßig einen Preis für antirassistische Projekte Jugendlicher. Abdulkerim Şimşek, der Sohn des ersten NSU-Mordopfers, ist in beiden Städten Mitglied der Jury.[214] Auch die Stadt Kassel vergibt seit 2018 einen Preis, der mit dem Gedenken an die Opfer des NSU verbunden ist.[215]

In Zwickau wurden zehn Bäume für die Mordopfer des NSU gepflanzt (Foto: privat, Januar 2021)

Zehn Jahre nach dem Anschlag feierten im Jahr 2014 siebzigtausend Besucherinnen und Besucher gemeinsam mit etwa fünfhundert Künstlerinnen und Künstlern in der Kölner Keupstraße ein Fest unter dem Motto „Birlikte – Zusammenstehen". Auch rund um den Münchner NSU-Prozess fanden Kundgebungen und Demonstrationen statt. Mehr als zehntausend Menschen kamen zu einer bundesweiten Demonstration zum Auftakt des Prozesses im April 2013 nach München. Die Initiative „Keupstraße ist überall" mobilisierte an den Prozessterminen, die sich den Kölner Bombenanschlägen widmeten, zu Kundgebungen nach München. Am Tag der Urteilsverkündung am 11. Juli 2018 zogen abermals tausende Menschen durch München, in der ersten Reihe Angehörige der Ermordeten und Überlebende der Bombenanschläge.[216]

„Grass-Lifting-Camp" in Zwickau: Künstlerinnen und Künstler hoben zum Auftakt des NSU-Prozesses im Frühjahr 2013 Erde aus dem brachliegenden Grundstück in der Frühlingsstraße, in der NSU-Terroristen bis 2011 lebten. Es soll kein Gras über die Sache wachsen (Foto: Andreas Wohland)

Fest in der Kölner Keupstraße unter dem Motto „Birlikte – Zusammenstehen" (Foto: Birgit Mair 2014)

»Wir hatten einfach Angst gehabt, dass sie sein Grab schänden«

Die letzten Ruhestätten der Ermordeten befinden sich im Ausland

Dass fast alle Mordopfer des NSU nicht in Deutschland beerdigt wurden, ist kein Zufall. So berichteten Familienangehörige des jüngsten NSU-Mordopfers

Ein Platz und eine Straßenbahnhaltestelle wurden in Kassel nach Halit Yozgat, dem jüngsten NSU-Mordopfer benannt (Foto: Birgit Mair)

Halit Yozgat, warum der in Deutschland geborene junge Mann in der Türkei beerdigt wurde: *„Wir hatten einfach Angst gehabt, dass sie sein Grab schänden."*[217] Auch Enver Şimşek liegt in der Türkei begraben. Auf seinem Grabstein befinden sich Wasserschälchen, die den Vögeln als Quelle dienen.[218] Abdurrahim Özüdoğru[219], Süleyman Taşköprü[220] und auch Mehmet Kubaşık wurden in der Türkei beerdigt.[221] Der Grabstein von Mehmet Turgut befindet sich auf dem Kamm eines im Winter zugeschneiten Berges, ebenfalls in der Türkei.[222] İsmail Yaşars letzte Ruhestätte findet man in einem türkischen Ort nahe der syrischen Grenze.[223] Theodoros Boulgarides wurde in seinem griechischen Geburtsort Triantafyllia beigesetzt. Auch seine Eltern, die als Gastarbeiterinnen und Gastarbeiter jahrzehntelang in München gelebt hatten und die nach ihm starben, wurden nach Griechenland überführt. Sie liegen alle im selben Grab.[224]

Verschiedene Formen des Gedenkens an den ehemaligen Tatorten

Aufgrund des gesellschaftlichen Drucks wurden in fast allen Tatortstädten Mahnmale für die Opfer des NSU errichtet. Einzig in Köln fehlt noch ein entsprechender Gedenkort. Die Initiative „Herkesin Meydanı - Platz für alle" ringt seit Jahren um ein angemessenes Gedenken in der Keupstraße.[225]

Mehrere hundert Menschen, darunter Angehörige der drei in Nürnberg Ermordeten, beteiligten sich an der Enthüllung des Mahnmals für die Opfer des NSU am Kartäusertor am Rande der Nürnberger Altstadt (Foto: Birgit Mair 2013)

An den Jahrestagen der Morde und Anschläge fanden in den jeweiligen Städten regelmäßig Gedenkkundgebungen oder Demonstrationen statt, nicht selten organisiert von linken, antifaschistischen Initiativen. Auch Angehörige der Ermordeten beteiligten sich an den Kundgebungen. So besuchten Mitglieder der Familie Şimşek Gedenkveranstaltungen und Demonstrationen in Nürnberg; die Kinder des Ermordeten hielten bewegende Reden.[226] Eine besondere Art des Gedenkens pflegte der Nürnberger Blumenverkäufer, der zum Zeitpunkt des ersten Nürnberger NSU-Mordes an Enver Şimşek im Urlaub war. In der Nähe des ehemaligen Tatorts pflanzte er Sauerkirsch-, Maulbeer- und Äpfelbäume zur Erinnerung an seinen Chef.[227] Am ehemaligen Tatort erinnern eine aus kirchlichen Kreisen initiierte kleine Gedenkstele sowie eine von Antifaschistinnen und Antifaschisten angebrachte Tafel an das Mordopfer. In Zwickau wurde eine Eiche für ihn gepflanzt.[228] In Jena wurde zwanzig Jahre nach dem Mord ein Platz nach Enver Şimşek benannt.[229]

An Abdurrahim Özüdoğru erinnert in Nürnberg eine von Antifaschistinnen und Antifaschisten an der Hauswand der ehemaligen Schneiderei angebrachte Tafel. Auf antifaschistischen Gedenkveranstaltungen und beim jährlich stattfindenden Straßenfest gegen Rassismus am nahegelegenen Aufseßplatz wird regelmäßig an ihn und die anderen Mordopfer des NSU erinnert.[230] Anlässlich der Verleihung des Genç-Preises, den die Tochter von Herrn Özüdoğru 2013 in Berlin entgegennahm, hielt die junge Frau eine bewegende Rede.[231]

Vor dem ehemaligen Laden Süleyman Taşköprüs in Hamburg erinnern zwei kleine Gedenksteine an die zehn Mordopfer des NSU und ein im Boden eingelassener Stern mit seinem Foto an den Familienvater. Angehörige kritisierten, dass nicht die Schützenstraße, in der der Mord geschah, sondern nur ein Straßenabschnitt einer kleinen Seitenstraße in der Nähe des ehemaligen Tatorts in Taşköprü-Straße umbenannt wurde.[232]

Der Enver-Şimşek-Platz in Jena im Januar 2021 (Foto: Christian Weber)

In Rostock wurden zehn Jahre nach dem Mord an Mehmet Turgut zwei Bänke mit Tafeln in deutscher und türkischer Sprache am ehemaligen Tatort aufgestellt. Trotz der weiten Anreise aus der Türkei beteiligten sich Familienmitglieder des Mordopfers an den Gedenkveranstaltungen. Auch Angehörige anderer Opferfamilien kamen in die Hansestadt und zeigten sich solidarisch.[233]

In der Nürnberger Scharrerstraße erinnert eine von einer antifaschistischen Initiative angebrachte Tafel mit der Aufschrift *„Kein Vergeben – kein Vergessen"* sowie dem Konterfei und dem Namen von İsmail Yaşar an den ermordeten Familienvater. Bunte, von Schülerinnen und Schülern der nahegelegenen Scharrer-Mittelschule bemalte Kacheln mit antirassistischen Botschaften wurden in der Nähe des ehemaligen Tatorts an einem Zaun befestigt. Am zehnten Todestag von İsmail Yaşar wurde in der Scharrerstraße im Beisein von dreihundert Menschen eine Bronzeplatte mit dem Namen des dort Ermordeten in den Gehsteig eingelassen. Organisiert wurde das Ganze vom Arbeitskreis „Kinder im Stadtteil" und der Scharrerschule. Der ehemalige Blumenverkäufer der Firma des ersten NSU-Mordopfers Enver Şimşek beteiligte sich in Nürnberg regelmäßig an den Gedenkveranstaltungen für İsmail Yaşar, den er persönlich kannte.[234]

In München erinnern Wandtafeln an den ehemaligen Tatorten an die beiden Münchner Opfer des NSU. Regelmäßig fanden dort Gedenkveranstaltungen statt, an denen sich auch Familienangehörige beteiligten. Die Witwe von Herrn Boulgarides nahm im Jahr 2013 an der Großdemonstration zur Eröffnung des NSU-Prozesses teil und hielt dort eine Rede.[235]

München 29. August 2013: Gedenkveranstaltung für Habil Kılıç am ehemaligen Tatort (Foto: Robert Andreasch)

In Dortmund organisierte die Familie von Mehmet Kubaşık bereits kurz nach seiner Ermordung im Jahr 2006, also noch lange vor der Selbstenttarnung des NSU, einen Schweigemarsch mit, an dem zweihundert Menschen teilnahmen. Angehörige des Ermordeten beteiligten sich nach dem Auffliegen des NSU an den in Dortmund stattfindenden Gedenkveranstaltungen sowie an verschiedenen Demonstrationen gegen rechte

Gewalt und hielten dort auch Reden. Vor dem ehemaligen Kiosk der Familie an der Mallinckrodtstraße erinnert seit 2012 ein Gedenkstein an den dreifachen Familienvater.[236] Ein Jahr später wurde unweit des Hauptbahnhofs ein Mahnmal für alle Opfer des NSU errichtet. Im Jahr 2019 wurde im Beisein der Familie ein Platz an der Münsterstraße in „Mehmet-Kubaşık-Platz" umbenannt.[237]

In der Nähe des ehemaligen Internetcafés in Kassel wurden eine Straßenbahnhaltestelle und ein Platz nach dem jüngsten Opfer des NSU, Halit Yozgat, benannt. Familienangehörige organisierten bereits kurz nach dem Mord eine Demonstration mit, an der sich mehrere tausend Menschen beteiligten. Der Vater des Mordopfers und die Tochter von Enver Şimşek hielten damals bewegende Reden.[238] Die Eltern von Halit Yozgat trugen ihre Forderungen auch im Münchner

Mahnmal für die Opfer des NSU in Dortmund (Foto: Birgit Mair 2016)

NSU-Prozess vor. Der Vater des Ermordeten verlangte im Gerichtssaal unter anderem die Umbenennung der Holländischen Straße in Halitstraße.[239]

Michèle Kiesewetter wurde in Thüringen beerdigt. In Böblingen, wo die junge Polizistin arbeitete, pflanzten ihre ehemaligen Kolleginnen und Kollegen einen Baum für sie.[240] An Gedenkveranstaltungen am ehemaligen Tatort in Heilbronn beteiligten sich sowohl Angehörige der ermordeten Polizistin als auch Familienmitglieder anderer Mordopfer des NSU.[241] Auf der Theresienwiese in Heilbronn erinnert eine Gedenktafel an die junge Frau.

Der Mehmet-Kubaşık-Platz in Dortmund im Januar 2021 (Foto: Bündnis Tag der Solidarität - Kein Schlussstrich Dortmund)

NSU-Untersuchungsausschüsse:

Erneute rassistische Äußerungen und wenig Reue bei den vernommenen Beamten

Die mit der Mordserie befassten Polizeibeamten, Staatsanwälte, Verfassungsschutz-Mitarbeiter und Politiker mussten in den NSU-Untersuchungsausschüssen erklären, warum jahrelang nur oberflächlich nach Neonazis gesucht wurde. Einige entschuldigten sich. Doch viele der Vernommenen rechtfertigten ihre damalige Vorgehensweise oder diffamierten die NSU-Opfer und deren Angehörige sogar erneut als „Drogendealer" und „Kriminelle". So behauptete ein damaliger Ermittler des

Polizeipräsidiums Mittelfranken vor dem Bayerischen NSU-Untersuchungsausschusses, dass das Mordopfer X. – der Name soll hier bewusst nicht genannt werden – *„eine kriminelle Figur in jeder Richtung"* gewesen sei.[242] Beweise für diese Behauptung liegen bis heute nicht vor. Ermittler berichteten in rassistischer Manier von einer *„türkischen Drogenmafia mit Sitz in Holland"* die ihre Finger *„wie eine Krake"*[243] über ganz Europa ausstrecken würde, oder bezeichneten einen Menschen als *„Mischling"*.[244]

Aktenordner des bayerischen NSU-Untersuchungsausschusses (Foto: Birgit Mair)

Szene aus dem ersten und bisher einzigen bayerischen NSU-Untersuchungsausschuss (Foto: Birgit Mair 2012)

Ein Kriminalpolizist beschrieb den NSU-Tatort in Kassel als „*Türkenmeile*". Außerdem wiederholte er noch im Februar 2013 die frei erfundene und bereits vor Jahren widerlegte Geschichte eines angeblichen Zeugen, wonach das erste Mordopfer, Enver Şimşek, in Drogengeschäfte verwickelt gewesen sei. Angeblich hätte Şimşek gemeinsam mit dem Zeugen und einer weiteren Person Ende der 1990er Jahre Drogen über die niederländische Grenze geschmuggelt.[245] Erst sechs Jahre später prüfte die Polizei die Angaben des zeitweilig im Gefängnis sitzenden Zeugen nach. Sie kam zu dem Ergebnis, dass dieser gelogen hatte.

Die Lügen des Zeugen kamen erst durch das im März 2013 erschienene Buch „Schmerzliche Heimat" von Semiya Şimşek ans Tageslicht.[246] In diesem Buch wurde der exakte polizeiliche Ermittlungsstand in Kenntnis der Ermittlungsakten referiert und damit die polizeiliche Zeugenaussage vor dem Untersuchungsausschuss klar widerlegt.[247]

Demonstration zum Auftakt des NSU-Prozesses im April 2013 in München (Foto: Birgit Mair)

Kundgebung am 11. Juli 2018 vor dem Oberlandesgericht München, Tag der Urteilsverkündung im NSU-Prozess (Foto: Birgit Mair)

Ursacheneinschätzungen

Auch im bayerischen NSU-Untersuchungsausschuss war die Öffentlichkeit häufig ausgeschlossen (Foto: Birgit Mair)

Trotz emsiger Bemühungen und teilweise akribischer Kleinarbeit in den NSU-Untersuchungsausschüssen bleibt die Aufklärung lückenhaft. Im Abschlussbericht des ersten NSU-Untersuchungsausschusses des Bundestags ist von einem *„massiven Behördenversagen"* die Rede, dessen Ursachen in Koordinationsmängeln und in falschen Ermittlungsansätzen zu suchen seien. Rassistische Einstellungen werden in dem mehr als tausend Seiten umfassenden Werk allerdings vor allem der neonazistischen Szene zugeschrieben, was zu kurz gegriffen ist. Nebenklageanwältinnen und -anwälte der Hinterbliebenen der NSU-Opfer gehen hingegen davon aus, dass „institutioneller Rassismus" eine zentrale Ursache dafür war, dass die Mordserie nicht gestoppt wurde.[248] Tatsächlich wurden die teilweise skrupellos geführten Ermittlungen im sozialen Umfeld der NSU-Opfer sowie die angebliche Verstrickung der Migranten in die „Organisierte Kriminalität" jahrelang nicht hinterfragt. Man konnte die Mörder nicht finden, weil man jahrelang in die falsche Richtung ermittelt hatte.

Immerhin förderten die NSU-Untersuchungs- ausschüsse deutlich zutage, dass die neonazistische Szene sowohl durch die Ermittlungsbehörden als auch durch den Verfassungsschutz systematisch verharmlost wurde. Terrorkonzepte wie „Führerloser Widerstand" waren einem relevanten Teil der in den NSU-Untersuchungsausschüssen vernommenen Beamten nicht bekannt. Man hätte es besser wissen können: So warnte beispielsweise das

bereits 1996 erschienene „Handbuch Deutscher Rechtsextremismus" ausdrücklich vor terroristischen Anschlägen aus dem Umfeld von Blood & Honour.[249]

In einem Bericht der Türkischen Gemeinde Deutschland wurde kritisiert, dass die unantastbaren V-Leute wohl auch in Zukunft keiner Strafverfolgung ausgesetzt sein werden und sich so *„nicht kontrollierbare Parallelstrukturen im Staat"* entwickeln könnten.[250] Tatsächlich war in den parlamentarischen Untersuchungsausschüssen zu beobachten, dass viele Sitzungen insbesondere dann als „geheim" oder „nicht öffentlich" eingestuft worden waren, wenn es um die so genannten V-Leute der Verfassungsschutzämter ging. Zudem wachten Verfassungsschutz-Mitarbeiter auch in den öffentlichen Sitzungen darüber, dass möglichst kein Zeuge gegen die Auflagen der so genannten „Aussagegenehmigungen" verstieß. Dieses Vorgehen verhinderte Transparenz im demokratischen Sinne.

Im NSU-Prozess blieben viele Fragen offen

Angehörige der Ermordeten und Überlebende der Bombenanschläge beteiligten sich nach der Urteilsverkündung im NSU-Prozess am 11. Juli 2018 an einer antifaschistischen Demonstration in München (Foto: Birgit Mair)

Die Überlebenden der Bombenanschläge und die Angehörigen der Ermordeten setzten große Hoffnungen auf das Gerichtsverfahren, das im Mai 2013 vor dem Oberlandesgericht in München begann und mehr als fünf Jahre andauerte. Lediglich fünf Personen aus der neonazistischen Szene waren dort angeklagt.[251]

Rund sechshundert Zeuginnen und Zeugen sowie Sachverständige wurden während des Mammutverfahrens vernommen[252], viele Fragen blieben dennoch unbeantwortet. Neonazis als Zeugen wurden seitens des Vorsitzenden Richters Manfred Götzl meist mit Samthandschuhen angefasst und konnten so oft ungestört ihre fadenscheinigen Erzählungen vortragen.[253] Von Seiten des Gerichts wurde zudem hartnäckig an der Theorie festgehalten, dass der NSU ein abgeschottetes Trio, bestehend aus Uwe Mundlos, Uwe Böhnhardt und Beate Zschäpe gewesen sei.

Am 11. Juli 2018 wurden alle fünf Angeklagten zu Haftstrafen verurteilt, die Hauptangeklagte Beate Zschäpe zu einer lebenslangen Freiheitsstrafe.[254] Schuldig gesprochen wurde Zschäpe unter anderem wegen Mordes an neun Migranten, versuchten Mordes in 33 Fällen bei den zwei Bombenanschlägen in Köln, wegen Mordes und Mordversuchs an zwei Polizeibeamten, wegen Raubüberfällen, wegen eines versuchten Mordes durch die schwere Brandstiftung in Zwickau und wegen Mitgliedschaft in einer terroristischen Vereinigung. Der ehemalige NPD-Funktionär Ralf Wohlleben wurde wegen Beihilfe zum Mord in neun Fällen zu zehn Jahren[255], André E. wegen Unterstützung einer terroristischen Vereinigung[256] zu nur zweieinhalb Jahren Haft verurteilt. Das milde Urteil für den überzeugten Neonazi E. empörte viele Prozessbeobachter, ebenso die Tatsache, dass dieser am Tag der Urteilsverkündung aus der Untersuchungshaft entlassen wurde.[257]

Antifaschistische Protestaktionen vor dem Oberlandesgericht München am 11. Juli 2018, dem Tag der Urteilsverkündung (Foto: Birgit Mair)

Wegen drei Fällen der Unterstützung des NSU wurde Holger G. zu einer Gesamtfreiheitsstrafe von drei Jahren verurteilt. Allein Carsten S. hatte während des Prozesses ein gewisses Maß an Reue gezeigt und gegen seine ehemaligen „Kameraden" ausgesagt. Der Waffenbeschaffer wurde wegen Beihilfe zum Mord an neun Migranten zu einer Jugendstrafe von drei Jahren verurteilt und erkannte als Einziger das Urteil an.[258] Mit Ausnahme von Beate Zschäpe befanden sich im Dezember 2020 alle Verurteilten auf freiem Fuß. Die insgesamt milden Urteile – Ausnahme: Beate Zschäpe – waren für viele Angehörige der Ermordeten nur schwer zu ertragen und trugen zur äußerst zwiespältigen Bilanz des Münchner Prozesses bei.

»*Vielen Dank, Gericht. Dieses Urteil empfinde ich wie eine weitere Ohrfeige*«

Elif Kubaşık

Wie viele weitere Angehörige war auch Elif Kubaşık, die Witwe des in Dortmund ermordeten Mehmet Kubaşık, zur Urteilsverkündung am 11. Juli 2018 nach München gereist. Ihr Kommentar zu den Urteilen: *„Vielen Dank, Gericht. Dieses Urteil empfinde ich wie eine weitere Ohrfeige. (…) Das ist eine Ermutigung der Naziszene, mit der ich mich jeden Tag in Dortmund auseinandersetzen muss."*[259]

Gamze und Elif Kubaşık demonstrierten mit dem Bild ihres ermordeten Vaters und Ehemanns am 11. Juli 2018, dem Tag der Urteilsverkündung, in München (Foto: Birgit Mair)

Für viele Angehörige war es ein Schock, dass die bekennenden Neonazis André E. und Ralf Wohlleben bereits kurz nach dem Urteil wieder auf freiem Fuß waren. Auch die Tatsache, dass das Gericht weder am Tag der Urteilsverkündung noch später im schriftlichen Urteil die Angehörigen der Ermordeten erwähnte, schmerzte viele Betroffene.[260] Während Götzl am letzten Prozesstag, dem Tag der Urteilsverkündung, den Vater von Halit Yozgat wegen vermeintlichen Störens anherrschte, wurde den Neonazis auf der Besuchertribüne nicht mit angemessener Härte begegnet. Sie konnten und durften nach der Verkündigung der meist milden Urteile für ihre Gesinnungsgenossen lautstark johlen und klatschen.[261]

Für die Angehörigen war der NSU-Prozess eine herbe Enttäuschung

Die Hoffnungen, die Überlebende der Bombenanschläge und Angehörige der Ermordeten in das fünfjährige Verfahren vor dem Münchner Oberlandesgericht gesetzt hatten, wurden durch und durch enttäuscht. Zwar wurden alle fünf Angeklagten zu Haftstrafen verurteilt, doch erstens waren die Urteile zum Teil sehr mild und zweitens fühlten sich viele Betroffene in ihrem Leid nicht anerkannt, das ihnen sowohl durch den Verlust eines geliebten Menschen als auch durch die jahrelange Kriminalisierung widerfahren war. Die in der Mehrzahl aus der Türkei stammenden Angehörigen der NSU-Mordopfer und Überlebenden der Bombenanschläge registrierten sehr wohl, dass sie in dem Gerichtsverfahren nur eine Nebenrolle spielten. So wurden Fragen der Nebenklage und damit der Angehörigen bzw. Überlebenden oft abgebügelt oder nur unzureichend beantwortet.

Wird noch weiter ermittelt?

Die Angehörigen der Ermordeten haben wenig Hoffnung, dass weitere NSU-Helferinnen und -helfer vor Gericht gestellt werden könnten. Die Anwältinnen und Anwälte der Nebenklage erhielten bis jetzt keine Akteneinsicht in laufende Ermittlungsverfahren gegen neun weitere mutmaßliche NSU-Unterstützerinnen und -Unterstützer. Das könnte ein Indiz dafür sein, dass weitere gerichtliche Aufklärung des NSU-Komplexes nicht mehr zu erwarten ist.

Sechs Angehörige von Ermordeten und zwei Überlebende des Kölner Nagelbombenanschlags brachten den Mut auf, im Rahmen der einige Monate vor der Urteilsverkündung gehaltenen Plädoyers vor Gericht selbst ihre Stimme zu erheben. Sie kommen auf den folgenden Seiten zu Wort.

»Sie haben wie Bienen gearbeitet, aber keinen Honig produziert«

Die Mutter von Halit Yozgat

München 2013: Die Eltern des jüngsten NSU-Mordopfers, Halit Yozgat, beim NSU-Prozess in München. Die Mutter trug ein Schild mit dem Bild des ermordeten Sohnes und der Forderung, die Holländische Straße in Kassel in Halitstraße umzubenennen (Foto: Robert Andreasch)

Die Mutter des in Kassel ermordeten Schülers Halit Yozgat fasste das Ergebnis des Gerichtsprozesses in ihrem Plädoyer folgendermaßen zusammen: *„Sie waren meine letzte Hoffnung und mein Vertrauen, aber ich sehe, dass bei Ihnen auch kein Ergebnis herauskommt. Sie haben wie Bienen gearbeitet, aber keinen Honig produziert.“*[262]

Der Mitarbeiter des Landesamtes für Verfassungsschutz Hessen,
Andreas T., befand sich zum Zeitpunkt der Ermordung von Halit Yozgat
in unmittelbarer Nähe des Tatorts im Internetcafé. Die genauen
Umstände sind nach wie vor ungeklärt. Der Vater des Ermordeten wies
mehrmals auf die bestehenden Ungereimtheiten hin und beklagte
sich in seiner Rede im NSU-Prozess darüber, dass das Gericht seiner
Bitte nach einer Ortsbesichtigung nicht nachgekommen sei.[263]

*Die Räumlichkeiten des ehemaligen Internetcafés in der Holländischen Straße 82
in Kassel standen zeitweise leer (Foto: Birgit Mair 2015)*

»Bis heute möchte ich wissen, warum das Ansehen meiner Familie in der Öffentlichkeit derart demontiert wurde«

Die Witwe von Theodoros Boulgarides

Im Februar 2018 kritisierte die Witwe des in München ermordeten Thedoros Boulgarides im NSU-Prozess die unzureichende Aufklärung.

„All die Opfer haben nicht aufgehört zu fragen, jedoch ist uns die angeblich ‚lückenlose Aufklärung' so viele Antworten schuldig geblieben. Bis heute möchte ich wissen, warum das Ansehen meiner Familie in der Öffentlichkeit derart demontiert wurde. Hat man uns in die Täterrolle gedrängt, um unsere unangenehmen Fragen zum Verstummen zu bringen? Oder befanden sich die Behörden tatsächlich auf einem für mich nicht nachvollziehbaren Irrweg?"[264] Die Mutter zweier Kinder, die durch neonazistische Gewalt ihren Vater verloren haben, verglich den NSU-Prozess mit einem *„oberflächlichen Hausputz"*. Weiter sagte sie: *„Um der Gründlichkeit Genüge zu tun, hätte man die Teppiche aufheben müssen, unter welche bereits so vieles gekehrt wurde."*[265]

»Auch ich hätte viele Fragen an die Angeklagten gehabt. Was hat mein Vater Ihnen getan?«

Abdulkerim Şimşek

Abdulkerim Şimşek mit seiner Mutter Adile Şimşek vor dem Oberlandesgericht in München (Foto: Birgit Mair 2018)

Abdulkerim Şimşek war ein Teenager, als sein Vater ermordet wurde. Im Januar 2018 hielt er eine bewegende Rede vor dem Münchner Oberlandesgericht. Ein Auszug:

„Ich bin heute selbst Vater einer zweijährigen Tochter und heute ist mir klar, dass er nicht nur mir und meiner Schwester, sondern auch meinem

Kind weggenommen wurde. Ihr werde ich, wenn die Zeit kommt, erzählen müssen, dass ihr Opa nur aufgrund seiner Herkunft von Nazis umgebracht wurde. (…) Auch ich hätte viele Fragen an die Angeklagten gehabt. Warum mein Vater? Was hat mein Vater Ihnen getan?"[266]

Ausführlich berichtete Herr Şimşek von dem Tag, an dem er seinen Vater zuletzt lebend angetroffen hatte. Der damals Dreizehnjährige fuhr am 10. September 2000 vom Internat im saarländischen Völklingen nach Nürnberg. Im dortigen Südklinikum lag sein Vater auf der Intensivstation. Als er das zerfetzte linke Auge des Vaters wahrnahm und die sechs Einschusslöcher, die er wie automatisch zählte, endete seine Kindheit schlagartig, so der junge Mann heute. Die Mutter erlitt infolge der Ereignisse eine schwere Depression und konnte sich in der Folge kaum mehr um die Kinder kümmern.

Abdulkerim Şimşek (Mitte) und Nebenklageanwältin Seda Başay-Yildiz, (rechts) beteiligten sich am 20. Jahrestag der Ermordung von Enver Şimşek an einer antirassistischen Demonstration in Nürnberg (Foto: Rüdiger Löster)

„Bis zur Aufdeckung des NSU habe ich niemanden erzählt, dass mein Vater umgebracht wurde. (…) Es klingt absurd, aber ich war erleichtert, als ich hörte, dass mein Vater von Nazis umgebracht wurde und so seine Unschuld bewiesen wurde. Die Heimlichtuerei konnte endlich aufhören."[267]

»Die Atmosphäre unter uns Menschen aus der Keupstraße war so, dass ich trotz meiner Verletzung – dem geplatzten Trommelfell – nicht wagte, zu einem Arzt zu gehen«

Muhammet Ayazgün

Muhammet Ayazgün ist Kurde und hielt sich während des Nagelbombenanschlags am 9. Juni 2004 in der Kölner Keupstraße auf. Aufgrund der Wucht der Bombe platzte sein Trommelfell. Ende November 2017 sprach er im Münchner NSU-Verfahren:

„Ich bin von der Polizei nie als Geschädigter befragt worden – warum, ist mir bis heute nicht klar. Ich habe mich aber auch selber nie an die Polizei gewandt – ich hatte einfach Angst vor der Polizei, ich hatte Angst, von dieser als Täter behandelt zu werden. Die Atmosphäre unter uns Menschen aus der Keupstraße war so, dass ich trotz meiner Verletzung – dem geplatzten Trommelfell – nicht wagte, zu einem Arzt zu gehen, da ich dachte, dieser würde mich dann der Polizei melden. Erst nach dem 4. November 2011 war mir klar, dass die Polizei uns – mich – jetzt nicht mehr für einen Terroristen hält, und ich ging zu einem HNO-Arzt. Dafür war es – natürlich – zu spät".[268]

München am 20. Januar 2015: An der Solidaritätsdemonstration nahmen auch Betroffene des Nagelbombenanschlags aus der Kölner Keupstrasse teil (Foto: Thomas Hauzenberger)

»Aber was ist mit all den anderen? Ich glaube nicht daran, dass Sie noch irgendwann jemand anderes anklagen«

Gamze Kubaşık

Elif und Gamze Kubaşık vor dem Oberlandesgericht München (Foto: Birgit Mair 2017)

Gamze Kubaşık, Tochter des achten NSU-Mordopfers, war 19 Jahre alt, als ihr Vater erschossen wurde. Im November 2017 wies sie in ihrem Plädoyer auf die unzureichende Aufklärung hin:

„Ich habe immer noch so viele Fragen, auf die ich keine Antwort bekommen habe. Daran sind aber auch die Ankläger hier schuld. Frau Merkel hat mir persönlich versprochen, dass alles unternommen wird, um die Taten vollständig aufzuklären und alle Täter einer gerechten Strafe zuzuführen. Sie haben vielleicht viel dafür getan, dass diese fünf hier verurteilt werden. Aber was ist mit all den anderen? Ich glaube nicht daran, dass Sie noch irgendwann jemand anderes anklagen. Sie haben das Versprechen gebrochen."[269]

»Wir sind ein Teil dieses Landes, und wir werden hier weiterleben«

Elif Kubaşık

Elif Kubaşık, die Witwe des 2006 ermordeten Mehmet Kubaşık, beendete ihr Plädoyer im Münchner NSU-Prozess mit dem folgenden Statement:

„Ich habe zwei Kinder in diesem Land zur Welt gebracht, und mein Enkel Mehmet ist hier zur Welt gekommen. Wir sind ein Teil dieses Landes, und wir werden hier weiterleben."[270]

Nach dem Mord an Mehmet Kubaşık in Dortmund wurde von den Polizeibeamten der Stammbaum seiner Familie bis in die dritte Generation erforscht.[271] Gegen die militante Dortmunder

Neonaziszene wurde dagegen nicht ermittelt.[272] Dies kritisierte
Frau Kubaşık vor dem Münchner Oberlandesgericht:

*„Auch der Tag, an dem die Polizisten aus Dortmund ausgesagt haben, war
ein schlimmer Tag für mich: zu hören, welchen Beweisen sie überhaupt nicht
nachgegangen sind, was sie sich nicht einmal angeschaut haben. (...) Hier im
Prozess sind meine Fragen nicht beantwortet worden. Warum Mehmet? Gab
es Helfer in Dortmund? Sehe ich sie heute vielleicht immer noch – es gibt so
viele Nazis in Dortmund. Und für mich so wichtig: Was wusste der Staat?"*[273]

*Dortmund 4. April 2018: Tag der Solidarität für Mehmet Kubaşık und die anderen Opfer des NSU.
In der vorderen Reihe: Gamze und Elif Kubaşık (Foto: Robert Rutkowski 2018)*

»Solange die wahren Täter nicht gefasst worden sind, werden meine Ängste weiterbestehen«

Arif S.

Arif S. überlebte den Nagelbomben-anschlag am 9. Juni 2004 in der Kölner Keupstraße. Am 28. November 2017 berichtete er während seines Plädoyers im Münchner NSU-Prozess von der Zeit unmittelbar nach dem Anschlag:

„Dazu noch die Worte des damaligen Innenministers, es sei kein Terroranschlag gewesen".[274] *Weiter sagte Arif S.: „Dies enttäuschte uns alle, die Betroffenen in unserer Straße. (...) Den Polizisten, die ständig die gleichen Fragen stellten, sagte ich, dass ich wusste, wer die Täter waren. (...) Ich sagte, dass die Täter Neonazis waren. Der Gesichtsausdruck des Polizisten veränderte sich und er sagte mir ‚Pscht!'. Er änderte seinen Gesichtsausdruck und sagte mir, dass ich schweigen sollte, indem er seinen Zeigefinger zu seinem Mund führte und ‚Pscht' sagte. Und ich sprach nie wieder."*[275]

Arif S. bei einer Solidaritätsdemonstration für die Opfer des NSU am 20. Januar 2015 in München (Foto: Hartmut Schneider)

Köln: Hat ein V-Mann die Sprengfalle deponiert?

Edith Lunnebach vertrat im NSU-Prozess eine aus dem Iran stammende Familie, in deren Lebensmittelladen in der Kölner Probsteigasse Anfang 2001 eine Sprengfalle detonierte und die damals 19-jährige Tochter des Ladeninhabers schwer verletzte. Bis heute ist nicht ermittelt worden, wer die Sprengfalle abgegeben hat, die 2006 von den Behörden irregulär vernichtet wurde.[276] Zwei Mitglieder der Familie hatten den Täter gesehen. Unter Verdacht stand zeitweise ein V-Mann aus der Kölner Naziszene.

„Natürlich haben sich sowohl der Vater M. als auch die jüngere Tochter (...) bemüht, bei einem Versuch der Identifizierung des unmittelbaren Täters mitzuwirken. (...) Die Familie fragt sich aber, warum ihnen die Verantwortung dafür zugeschoben wird, dass keine formellen Ermittlungen gegen die V-Person H. eingeleitet wurden. (...) Die Familie M. wird auch noch nach einem Urteil in diesem Verfahren mit der Vorstellung weiter leben müssen, dass unbekannte Täter, die sie einmal aufgefunden haben, als ständige Gefahr im Hintergrund lauern."[277] [Namen durch Verfasserin abgekürzt]

Gedenktafel am Ort des Bombenanschlags in der Kölner Propsteigasse (Foto: Burschel 2015)

»Ich glaube nicht daran, dass es nur die drei waren«

Der Bruder von Süleyman Taşköprü bei der Podiumsdiskussion im Rahmen der Ausstellung „Die Opfer des NSU und die Aufarbeitung der Verbrechen" im April 2018 in der Volkshochschule Wuppertal (Foto: Frederieke Bergmann)

Herr Taşköprü war 23 Jahre alt, als sein sieben Jahre älterer Bruder im Juni 2001 in Hamburg ermordet wurde. Bei einer Vortragsveranstaltung im April 2018 in Wuppertal kritisierte er die bisherige Aufklärung:

„Ich war zwei Mal beim Prozess. (...) Das, was ich da gesehen habe, ist keine Aufklärung. Es geht nur um diese fünf Personen und alles rund herum wird versucht, geheim zu halten. (...) Ich glaube nicht daran, dass es nur die drei waren."[278]

Den Lebensmittelladen, in dem Süleyman Taşköprü ermordet wurde, hat der jüngere Bruder von 1998 bis 2001 selbst betrieben. Er wollte den Laden schließen, doch Süleyman überredete ihn, ihm das Geschäft zu übergeben. Nach dem Mord an Süleyman plagten ihn deshalb Schuldgefühle. Die Ermittlungen der Polizei waren für ihn nicht nachvollziehbar: *„Ich habe den Laden ja seit 1998 geführt. Ich hatte da weder Probleme mit Schutzgelderpressung, Diebstahl oder sonst was."*[279] Das Auffliegen des NSU im November 2011 warf Fragen auf, die bis heute nicht beantwortet wurden: *„Wieso, warum, warum unser Bruder, warum unser Laden? Diese Fragezeichen!"*[280]

Einige der Bekannten, die den polizeilichen Verdächtigungen geglaubt hatten, haben die Familie Taşköprü nach dem Auffliegen des NSU um Verzeihung gebeten. Auf eine Entschuldigung der ermittelnden Polizeibeamten oder eines Beamten einer Verfassungsschutzbehörde wartet Herr Taşköprü bis heute.

»Am Tag der Urteilsverkündung habe ich es auf der Zuschauertribüne nicht mehr ausgehalten, neben jubelnden Nazis zu sitzen«

Die Schwester des in Hamburg ermordeten Süleyman Taşköprü berichtete zweieinhalb Jahre nach der Urteilsverkündung:

„Ich war nicht oft im Prozess. Doch wenn ich da war, haben uns einige der angeklagten Neonazis ständig provoziert. Sie haben uns angegrinst und verächtlich angeschaut. Auf mich wirkte das so, als ob sie sich über das Leid der Familien amüsiert haben. Es hat mich empört, dass ich keine Reue bei den Tätern gesehen habe. Unerträglich war auch, ihnen in den Pausen vor dem Gerichtsgebäude begegnen zu müssen. Die Nazis haben so getan, als ob sie die Opfer wären und wir die Täter. Am Tag der Urteilsverkündung war Herr Yozgat enttäuscht, dass er nicht einmal seinem Schmerz Raum geben durfte, als es um seinen Sohn ging. Der Richter hatte ihn sehr herablassend behandelt. An dem Tag habe ich es auf der Zuschauertribüne nicht mehr ausgehalten, neben jubelnden Nazis zu sitzen. Kurz vor der Verkündung des Urteils bin ich rausgegangen.“[281]

Der „Stern“ erinnert am ehemaligen Tatort in Hamburg an den Familienvater Süleyman Taşköprü (Foto: Birgit Mair)

Die Angehörigen der Mordopfer:

»Elf Jahre durften wir nicht einmal reinen Gewissens Opfer sein«

Die Hinterbliebenen der Mordopfer hatten nicht nur mit dem Verlust der nahen Angehörigen und der Hauptverdiener zu kämpfen. Es wurde auch jahrelang öffentlich darüber spekuliert, ihre Väter, Ehemänner, Söhne und Brüder seien in ein „kriminelles Milieu" verstrickt und damit schuldig an ihrem Tod gewesen. Mit Begriffen wie „Döner-Morde" etablierten die Medien ein falsches und herabwürdigendes Bild der Opfer.[282]

Kassel im Mai 2006: Zweitausend Menschen forderten die Aufklärung der Mordserie, darunter auch Angehörige des in Dortmund ermordeten Mehmet Kubaşik. Gamze Kubaşik ist in der vordersten Reihe in der Mitte zu sehen. Sie hält ein Bild ihres Vaters (Foto: HNA Hessische Allgemeine/Heiko Meyer)

Abdulkerim Şimşek, der Sohn des ermordeten Blumenhändlers, erinnerte sich bei einer Podiumsveranstaltung im September 2017 an seine Jugend: „Es war richtig traurig, wenn man in den Zeitungen ‚Dönerkiller' las. Damit wurde meinem Vater sogar die Identität als Mensch weggenommen. (...) Als Mensch zweiter Klasse habe ich mich hier in Deutschland gefühlt. So ging es elf Jahre lang, bis das dann aufgedeckt wurde."[283]

Er berichtete weiter, dass er seit 2015 häufiger auf der Straße angepöbelt werde. Der in Deutschland geborene Abdulkerim Şimşek, Student der Medizintechnik, vermutete, dass er wegen seines Aussehens als Geflüchteter wahrgenommen werde.[284]

Das Ausblenden von Neonazis als mögliche Täterinnen und Täter in den Ermittlungen und in der öffentlichen Berichterstattung führte zu einer grausamen sozialen Isolation der Angehörigen der Mordopfer. Nachbarn, Freunde und Bekannte distanzierten sich zunehmend von ihnen. Mit vermeintlichen „Kriminellen" wollte man nichts zu tun haben.[285]

Nürnberg, 2. Mai 2016: Semiya Şimşek präsentiert eine alte Zeitungsausgabe mit dem Unwort „Döner-Morde" (Foto: Birgit Mair)

„Elf Jahre durften wir nicht einmal reinen Gewissens Opfer sein. (...) Elf Jahre hatte ich als Kind eines Drogendealers gegolten", so Semiya Şimşek, Tochter des ersten NSU-Mordopfers bei einer Gedenkfeier im Jahr 2012.[289]

„Sechs Jahre, in denen wir nicht trauern durften. Sechs Jahre voller Beschuldigungen, Rechtfertigungen, Demütigungen. Meine Brüder wurden ausgeschlossen. Man zeigte auf der Straße mit dem Finger auf sie. Ich habe ein Jahr lang mein Zimmer nicht verlassen", erinnerte sich die Tochter von Mehmet Kubaşik im Jahr 2013 auf einer Gedenkveranstaltung für ihren ermordeten Vater.[287]

Im Jahr 2017 sagte der Bruder von Theodoros Boulgarides in einem Interview Folgendes: *„Wenn noch einige zur Verantwortung gezogen werden müssen, dann sollte man das tun. Weil es sind ja die Angehörigen, die immer noch mit offenen Fragen kämpfen. Haben die Behörden etwas gewusst oder nicht? Hätte man einige Menschenleben noch retten können, wie das meines Bruders? Das sind so Fragen, die mich belasten."*[286]

Ayfer Şentürk Demir, Überlebende des Kölner Nagelbombenanschlags, berichtete in einem Videobeitrag im Rahmen des Tribunals „NSU-Komplex auflösen" im Jahr 2017 Folgendes: *„Ich habe mich bis 2004 nicht als Ausländer in Deutschland gesehen. (...) Ich hab mich als Mitglied dieses Landes gesehen. (...) Und 2004 ist das alles zerplatzt. Das Vertrauen war weg."*[288]

Symbolische Straßenumbenennung am 13. Juni 2014 in Nürnberg (Foto: Birgit Mair)

Die Bezugnahme der extrem rechten Szene auf den NSU nach dessen Selbstenttarnung

Seit dem Auffliegen des NSU wurden zahlreiche Aktivitäten der extrem rechten Szene bekannt, die sich positiv auf dieses terroristische Netzwerk bezogen. Bundesdeutsche Behörden haben bis Mitte des Jahres 2019 insgesamt 458 einschlägige Delikte erfasst, darunter 14 Gewalttaten, 10 Straftaten mit Waffenbeteiligung, 45 rassistisch motivierte Delikte sowie unter anderem auch Attacken auf NSU-Gedenkorte.[290] Unter dem Label „NSU 2.0" wurden seit dem Sommer 2018 zahlreiche rechte Drohschreiben verschickt; einige Täterinnen und Täter haben offensichtlich Zugang zu Polizeiakten.[291]

Anhand von Nürnberg, der Stadt, in der der NSU mindestens drei Menschen ermordet und einen Bombenanschlag verübt hat, soll die Bezugnahme der extrem rechten Szene auf den NSU exemplarisch aufgezeigt werden.

Beispiel Nürnberg

Sprüherei „NSU" an einer Hauswand in Franken im Jahr 2012 (Foto: Privat)

Am 10. oder 11. November 2011 wurde eine NSU-Bekenner-DVD persönlich bei den Nürnberger Nachrichten abgegeben oder in deren Hausbriefkasten geworfen. Beate Zschäpe kam als Akteurin nicht in Frage, es könnte sich also um die Aktion eines lokalen NSU-Unterstützers gehandelt haben. Am 12. November 2011 lag eine weitere NSU-Bekenner-DVD im Briefkasten des linken „Roten Zentrums". Sie wurde per Post verschickt. Um den 15. November 2011 verhöhnte ein stadtbekannter Neonazi, damals noch NPD-Funktionär, auf seinem Facebook-Profil die Opfer der rassistischen NSU-Mordserie. Er postete einen Screenshot aus der NSU-Bekenner-DVD, versehen mit dem Text *„Deutschlandtour – 9. Türke erschossen"*. Weiterhin veröffentlichte er ein Foto des ehemaligen Imbissstands des NSU-Mordopfers İsmail Yaşar und kommentierte das Bild: *„Tod dem Döner es lebe die Nürnberger Bratwurst"*. Weiter unten schrieb er: *„Wenn wir Glück haben verschwinden erst die Dönerbuden und dann der Rest von der Mischpoke"* (Rechtschreibfehler im Original). Am 16. Dezember 2011 wurden zwei Männer gegen 16 Uhr von zwei Gästen der mittlerweile geschlossenen Nürnberger Kneipe „Valhalla" auf der Straße mit einem Messer bedroht. Einer der Angreifer trug ein Sweatshirt mit dem in der Naziszene verbreiteten „Anti-Antifa"-Logo. Zwei Tage später ließen Unbekannte einen Drohbrief im aufgebrochenen Briefkasten der zwei Angegriffenen zurück. In dem handschriftlich verfassten Zettel wurde u.a. gedroht: *„Nächstes Mal gibt es Tote – Gruß NSU"*. Am 17. März 2012 wurden am ehemaligen NSU-Tatort Scharrerstraße massenhaft kleine Flyer des später verbotenen neonazistischen „Freien Netz Süd" gestreut, auf denen u.a. vor dem „Volkstod" gewarnt wurde.[292] Der Anführer dieser Neonazi-Gruppierung stand namentlich auf einer Kontaktliste des NSU.

Gedenktafeln und Mahnmale an den ehemaligen Tatorten wurden häufig beschmiert oder beschädigt. Im Februar 2016 urinierten Unbekannte an das städtische Mahnmal für die Opfer des NSU und veröffentlichten entsprechende Fotos auf einer Facebook-Seite, die für neonazistische Demonstrationen mobilisierte. Kurze Zeit danach wurde das Mahnmal mit Hundekot beschmiert. Im September 2018 wurde der Gedenkort für das NSU-Opfer İsmail Yaşar geschändet. Mehrere von Jugendlichen bemalte Kacheln wurden gestohlen bzw. zerstört, das Gesicht von İsmail Yasar auf einer Tafel mit roter Farbe verunstaltet. Im Dezember 2019 wurde eine Gedenktafel am ehemaligen NSU-Tatort Siemensstraße beschmiert. Auf das Bild des Mordopfers Abdurrahim Özüdoğru wurde ein schwarzes Bärtchen gemalt. Und im März 2020 wurde ein Mahnmal für das NSU-Mordopfer Enver Şimşek am ehemaligen Tatort beschädigt. Offensichtlich wurde versucht, das im Boden verankerte Mahnmal umzutreten oder umzureißen. Reifen- und Lackspuren wurden vor Ort nicht gesehen; ein versehentlicher Unfall beim Parken oder Wenden kann daher ausgeschlossen werden.[293]

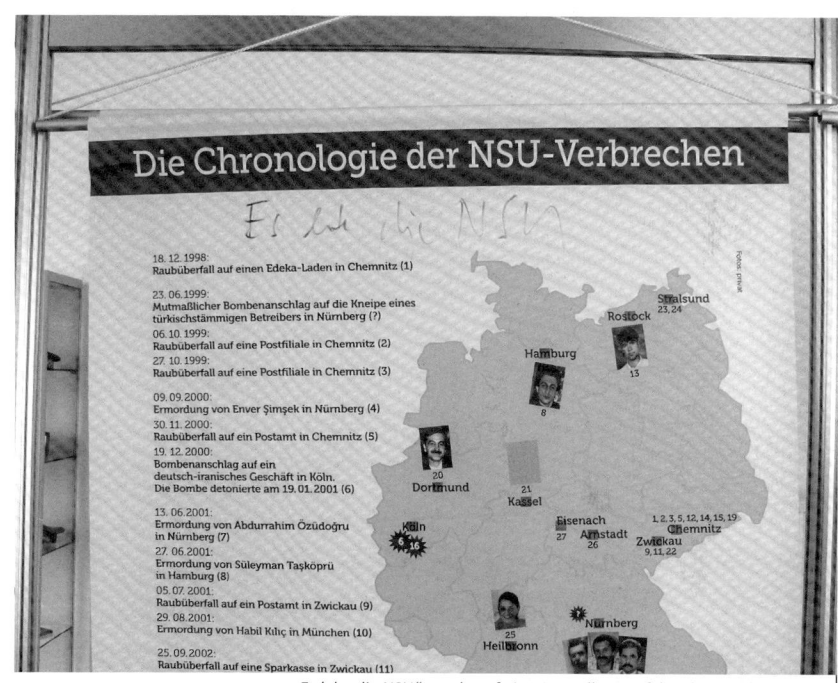

„Es lebe die NSU" wurde auf eine Ausstellungstafel in der Fachhochschule der Polizei in Aschersleben geschrieben (Foto: Birgit Mair)

Angriffe auf die Ausstellung und neonazistische Protestaktionen

Auch die Ausstellung „Die Opfer des NSU und die Aufarbeitung der Verbrechen" wurde des Öfteren angegriffen. Einige Beispiele: Im Rostocker Rathaus wurde während der Eröffnung der Ausstellung im Februar 2014 ein Stein gegen das Rathausfenster geschleudert. Im Mai desselben Jahres wurden in Berlin-Buch die Parolen *„Wahrheit macht frei"* und *„Stopt den NSU-Schauprozess"* (Rechtschreibfehler im Original) in der Nähe des Ausstellungsortes angebracht; Neonazis bauten sich zeitweise drohend dort auf. In der Fachhochschule der Polizei in Sachsen-Anhalt wurden im Herbst 2014 ein Hakenkreuz und der Satz *„Es lebe die NSU"* mit Rotstift auf zwei Ausstellungstafeln geschmiert. In Nidda schließlich demonstrierten NPD-Funktionäre mit einem Transparent vor dem Veranstaltungsort. Und in einer Dresdner Schule wurde im Juli 2017 das Kürzel „C 18", die Abkürzung für die militante neonazistische Gruppe „Combat 18", auf eine Ausstellungstafel geschrieben. Die Zahl 18 ist ein in der extrem rechten Szene verwendeter Code für „Adolf Hitler".

Die NSU-Morde als Teil einer Serie rechter Gewalttaten

In diesem Ausstellungskatalog werden vor allem die Verbrechen des NSU beschrieben. Doch es darf nicht vergessen werden, dass die NSU-Morde nur Teil einer umfangreichen Serie rechter Gewalt in Deutschland waren: Mehr als dreihundert Menschen verloren im Zeitraum zwischen 1970 und 2020 so ihr Leben.[294]

Bayern: Zentrum rechter Gewalt in den 1980er Jahren

In der Nachkriegszeit bis zum Beitritt der DDR gab es in beiden deutschen Staaten rassistisch motivierte Morde, überwiegend aber in Westdeutschland.[295] In den 1980er Jahren wurde vor allem Bayern zum Zentrum rechtsterroristischer Gewalt. Dreizehn Tote und mehr als zweihundert Verletzte forderte das Oktoberfestattentat in München 1980, hinzu kamen im gleichen Jahr die zwei Toten des antisemitisch motivierten Mordanschlags in Erlangen.[296] Zwei Jahre später erschoss ein NPD-Anhänger in Nürnberg drei Ausländer[297] und 1984 forderte ein Brandanschlag einer rechtsterroristischen Gruppe in München ein Todesopfer.[298] 1988 schließlich verloren vier Menschen bei einem neonazistischen Brandanschlag im oberpfälzischen Schwandorf ihr Leben.[299]

Besonders viele Opfer rechter Gewalt wurden in den 1990er Jahren beklagt, und zwar vor allem in den Bundesländern Nordrhein-Westfalen, Schleswig-Holstein, Berlin, Brandenburg und Sachsen; mehr als einhundertzwanzig Menschen wurden in diesem Jahrzehnt im vereinigten Deutschland von Rechten ermordet.

Viele dieser Opfer wurden und werden seitens staatlicher Stellen nach wie vor nicht als Opfer rechter Gewalt anerkannt.[300] In den Jahren seit dem Auffliegen des NSU im November 2011 waren in Deutschland bereits mehr als vierzig Mordopfer rechter Gewalt zu beklagen. In den entsprechenden behördlichen Statistiken fanden sich Ende 2020 jedoch erst zwei Drittel der Fälle.[301]

München, Wolfhagen-Istha, Halle, Hanau: weitere rechte Morde nach dem Auffliegen des NSU

Der rechte Terror am Olympia-Einkaufszentrum in München 2016: Rassismus als Tatmotiv lange ignoriert

Gegenüber dem Münchner Olympia-Einkaufszentrum erinnert ein Mahnmal an die Opfer des rassistischen Terrors im Jahr 2016. Armela Segashi, Sabine Sulaj und Can Leyla starben mit 14 Jahren; Selçuk Kılıç und Janos Roberto Rafael waren zum Zeitpunkt ihrer Ermordung 15 Jahre alt, Chousein Daitzik war 17, Guiliano Josef Kollmann 19, Dijamant Zabërgja 20 und Sevda Dağ 45 Jahre alt. In der ursprünglichen Inschrift des Mahnmals war von einem „*Amoklauf*" die Rede. Der Text wurde zwischenzeitlich geändert; nun erfährt man von einem „*rassistischen Attentat*".

Wie schwer sich Behörden tun, rassistische Gewalt als solche anzuerkennen, wird im Umgang mit dem Anschlag am Münchner Olympia-Einkaufszentrum deutlich. Am 22. Juli 2016, auf den Tag genau fünf Jahre nach dem Blutbad des norwegischen rassistischen Massenmörders

Mahnmal am Olympia-Einkaufszentrum in München (Foto: Birgit Mair 2017)

Anders Breivik, erschoss ein 18-jähriger Rassist in der bayerischen Landeshauptstadt neun

Menschen, die aus Einwandererfamilien mit türkischen, polnischen, serbischen und bosnisch-herzegowinischen Wurzeln[302] stammten und/oder der Gruppe der Sinti und Roma angehörten. Obwohl der Münchener Täter AfD-Fan und Anhänger des verurteilten Rechtsterroristen Breivik war, obwohl er Vernichtungsfantasien gegen Jüdinnen und Juden, gegen Menschen aus Balkanländern und insbesondere gegen türkeistämmige Einwanderinnen und Einwanderer geäußert hatte,[303] wurde die Tat von den Behörden zunächst als unpolitischer Amoklauf eingeordnet. Von der Stadt München in Auftrag gegebene, 2017 veröffentlichte Expertengutachten kritisierten die Entpolitisierung der Tat und insbesondere das Ausblenden rassistischer Tatmotive.[304] Zwei Jahre später zogen die Behörden dann nach und stuften die Gewalttat endlich als *„politisch motivierte Gewaltkriminalität"* ein.[305] Auch das Oktoberfestattentat wurde erst vierzig Jahre nach dem Mordanschlag aufgrund des gesellschaftlichen Drucks offiziell als rechtsterroristische Tat eingeordnet.[306]

Der Mord am Kasseler Regierungspräsidenten Walter Lübcke

Walter Lübcke (Foto: RP Kassel)

Am 1. Juni 2019 wurde zum ersten Mal im Nachkriegsdeutschland ein ranghoher Politiker von einem Rechtsradikalen ermordet, weil er sich öffentlich für die Werte unseres Grundgesetzes und die Aufnahme von Geflüchteten ausgesprochen hatte.[307] Doch ein nachhaltiger gesellschaftlicher Aufschrei blieb aus, nachdem der Kasseler Regierungspräsident Walter Lübcke auf der Terrasse seines Wohnhauses in Wolfhagen-Istha erschossen worden war. Vier Jahre zuvor hatte der CDU-Politiker bei einer öffentlichen Informationsveranstaltung zur Unterbringung von Geflüchteten geäußert, dass jemand, der *„diese Werte nicht vertritt, (…) jederzeit dieses Land verlassen"*[308] könne. Er reagierte damit auf Störungen durch Anhänger der extrem rechten Szene. Bereits auf der Veranstaltung erntete er für sein Statement *„Buh"*-Rufe, jemand schrie: *„Verschwinde!"* In der Folge erhielt Lübcke Drohbriefe und wurde in den sogenannten sozialen Medien massiv diffamiert.[309]

Ein Jahr nach dem Mordanschlag auf den Politiker wurden zwei Männer vor Gericht gestellt. Anfang 2021 wurde der einschlägig vorbestrafte Rassist und Neonazi Stephan E. wegen des Mordes an Walter Lübcke zur Höchststrafe verurteilt.[310] Ein Messerangriff Anfang 2016 auf den Geflüchteten Ahmed I. im hessischen Lohfelden konnte dem Familienvater nicht nachgewiesen werden. Dies und die Tatsache, dass ein weiterer, im Gerichtsprozess vor dem Staatsschutzsenat des OLG Frankfurt angeklagter Neonazi wegen des Mordvorwurfs freigesprochen wurde und mit einer Bewährungsstrafe davonkam, war für die Betroffenen sehr belastend.[311] Walter Lübcke hinterlässt eine Frau und zwei Kinder.[312]

Extrem rechte Terror Anschläge in Halle und Hanau

Halle, 9. Oktober 2019: Ein gewalttätiger Antisemit versuchte, betende Jüdinnen und Juden in einer Synagoge zu erschießen und ermordete eine Frau auf der Straße und einen Mann in einem Döner-Imbiss.

Antisemitische Einstellungen waren in beiden Teilen Deutschlands auch nach dem Holocaust durchgehend präsent und spielten für die Ideologie extrem rechter Gruppierungen, so auch für den NSU, eine wichtige Rolle.[313] Öffentliches jüdisches Leben ist in Deutschland immer noch bedroht und muss heute wieder verstärkt von zahlreichen Sicherheitsmaßnahmen begleitet werden. Synagogen und jüdische Kindergärten werden von Security-Personal und Kameras bewacht; viele gläubige Jüdinnen und Juden trauen sich nicht, in der Öffentlichkeit religiöse Symbole zu tragen.[314] Wie Musliminnen und Muslime oder Geflüchtete gerieten in den vergangenen Jahren auch Jüdinnen und Juden zunehmend ins Visier von Rechtsradikalen.

Ein Höhepunkt antisemitischer Gewalt war das Attentat am 9. Oktober 2019 in Halle an der Saale in Sachsen-Anhalt. Ein Neonazi versuchte

Kränze und Blumen an der Synagoge der Jüdischen Gemeinde in Halle an der Saale (Foto: Stephanie Heide)

an Jom Kippur, dem höchsten jüdischen Feiertag, in die Synagoge einzudringen und die dort versammelten mehr als fünfzig Menschen zu ermorden. Als er an der stabilen Synagogentür scheiterte, erschoss er die zufällig vorbeilaufende, vierzig Jahre alte Jana L. und fuhr danach zum „Kiez-Döner", einem Schnellrestaurant. Die Art und Weise, wie der Täter den Jungen erschoss, der sich hinter einem Kühlschrank versteckt hatte und um Gnade flehte, glich einer Hinrichtung.[315] Dass der überzeugte Neonazi nach dem Scheitern seiner ursprünglichen Pläne einen Döner-Imbiss angriff und dort auf Menschen schoss, war wohl wie der Attentatsversuch auf die Synagoge und die darin befindlichen Menschen kein Zufall.

Der ehemalige Chemie-Student hatte im Internet verkündet, dass er neben Juden auch Muslime töten wolle. In seiner von Antisemitismus triefenden, im Internet veröffentlichten Anleitung zum Mord hatte er auch propagiert, People of Colour, Christen und Kommunisten zu ermorden.[316] Bevor der Täter nach einem selbst verursachten Unfall von der Polizei gestoppt wurde, hatte er weitere unschuldige Menschen teilweise schwer verletzt.[317] Die beiden Mordopfer waren Menschen ohne Einwanderungsgeschichte. Der 28-Jährige wurde noch am Tag des Anschlags gefasst und im Folgejahr zu lebenslanger Haft mit nachträglicher Sicherheitsverwahrung verurteilt.[318]

Kerzen und Blumen am „Kiez-Döner" in der Ludwig-Wucherer-Straße in Halle an der Saale (Foto: Stephanie Heide)

Hanau, 19. Februar 2020: Den Verschwörungsmythen folgte der rassistische Terror

Die im Internet veröffentlichten Vernichtungsfantasien des Hanauer Attentäters, der am 19. Februar 2020 in der hessischen Stadt neun Menschen aus rassistischen Gründen ermordete, richteten sich unter anderem gegen zahlreiche „Völker", die „komplett vernichtet" werden müssten. Für den ehemaligen BWL-Studenten waren dies Menschen aus nordafrikanischen und nahöstlichen Staaten inklusive Israel, sowie Menschen aus vielen asiatischen Ländern, darunter Indien. Daneben forderte er eine „Fein-Säuberung" im Rest der Welt, denn selbst in Deutschland sei nicht jeder „reinrassig und wertvoll". [319] Der Täter verbreitete daneben auch Teile des an-

tisemitischen QAnon-Verschwörungsmythos, der unter anderem auf der Idee aufbaut, Amerika werde „von geheimen Mächten" beherrscht. [320]

Offensichtlich aus dieser menschenverachtenden, völkischen Motivation heraus erschoss der Sportschütze innerhalb kurzer Zeit neun Menschen und verletzte sieben weitere, zunächst in einer Shisha-Bar im Hanauer Stadtzentrum und anschließend in einem Kiosk-Café am Kurt-Schumacher-Platz in Hanau-Kesselstadt. [321] Der rechte Attentäter brachte nach der rassistischen Mordserie seine Mutter um und tötete dann sich selbst.

Hanau im März 2020: Wand mit den Namen der Opfer des rassistischen Mordanschlags des 19. Februar 2020 (Foto: Birgit Mair)

Zigtausende Menschen gedachten in Hanau der Opfer

Hanau im März 2020: Trauerbild mit Fotos der Mordopfer (Foto: Birgit Mair)

An mehreren öffentlichen Orten in der Stadt kann man die Namen der Mordopfer lesen. Auf einer Häuserwand steht geschrieben: "Say their names". Wir wollen ihre Namen nennen:

Said Nesar Hashemi, 21 Jahre, geboren in Hanau – Hamza Kurtović, 22 Jahre, geboren in Hanau – Vili Viorel Păun, ebenfalls 22 Jahre und einziges Kind seiner Eltern – Ferhat Unvar, 23 Jahre, geboren in Hanau – Sedat Gürbüz, 29, geboren in Langen, aufgewachsen in Dietzenbach – Fatih Saraçoğlu, 34 Jahre alt – Gökhan Gültekin, Spitzname „Gogo", 37 Jahre, geborener Hanauer, seine Hochzeit stand kurz bevor – Mercedes Kierpacz, 35 Jahre alt, alleinerziehende Mutter von zwei Kindern – Kaloyan Velkov, 33, Vater eines siebenjährigen Sohnes.[322]

Viele von ihnen haben bereits in jungen Jahren erfolgreich Ausbildungen absolviert. Sie waren Fliesenleger, Lkw-Fahrer, Teilhaber einer Shisha-Bar, ausgebildete Maschinen- und Anlagenführer, Mitarbeiterinnen in einem Kiosk, ausgebildete Fachlageristen, Paketzusteller, Betreuer der eigenen Eltern, ausgebildete Anlagenmechaniker, Mütter, Väter, Kinder, Brüder, Schwestern, Onkel, Tanten, Cousinen oder Cousins. Sie waren katholischen, orthodoxen und muslimischen Glaubens.[323]

Wer den Statements der Angehörigen und Überlebenden des rassistischen Terrors zuhört, kommt zu folgendem Ergebnis: Für die meisten der in Hanau Ermordeten war diese Stadt ihre Heimat.[324] Viele Opfer und teilweise auch deren Eltern sind in Hanau geboren. Sie wollten und wollen als Teil der Hanauer Stadtgesellschaft anerkannt werden und nicht als so genannte „Menschen mit Migrationshintergrund". Dieser Terminus schiebt Menschen, die Teil der Gesellschaft sind, in eine vermeintliche Außenseiter-Position und gehört deswegen aus unserem Sprachgebrauch verbannt.[325]

Ehemaliger Tatort in Hanau im März 2020: Blumen und Kränze vor dem Kiosk „Arena Bar & Cafe" für die Mordopfer des 19. Februar 2020 (Foto: Birgit Mair)

»Mein Bruder war schon immer ein deutscher Bürger, um genauer zu sein, ein Hanauer«

Schwester von Said Nesar Hashemi

Unter dem Motto „*Die Opfer waren keine Fremden*" fanden in Hanau unmittelbar nach den Mordanschlägen zahlreiche Gedenkveranstaltungen statt, an denen sich tausende Menschen beteiligten. Angehörige der Ermordeten sprachen auch auf der offiziellen Gedenkveranstaltung am 4. März 2020 in der Stadthalle Hanau.

Said Nesar Hashemi war mit 21 Jahren das jüngste Hanauer Mordopfer und stand kurz davor, seine Ausbildung zum Maschinen- und Anlagenführer abzuschließen.[326] Seine Schwester sprach bei der offiziellen Trauerfeier vor mehr als sechshundert geladenen Gästen. Sie kritisierte, dass einige Medien fälschlicherweise behauptet hatten, ihr Bruder sei Afghane gewesen: „*Er war schon immer ein deutscher Bürger, um genauer zu sein, ein Hanauer.*"[327] Ihr anderer Bruder hatte schwer verletzt überlebt. Die Schwester zeigte sich in ihrer Rede solidarisch mit Angehörigen und Überlebenden anderer rechtsmotivierter Anschläge: „*Wir sind nicht alleine. Wir sind stark und halten zusammen.*"[328]

»Dass wir den Hass und das Gift namens Rassismus aus unserer Gesellschaft restlos verbannen«

Schwester von Hamza Kenan Kurtović

Auch die Schwester von Hamza Kenan Kurtović, der im Alter von 22 Jahren in seiner Geburtsstadt Hanau ermordet wurde, sprach bei der offiziellen Gedenkveranstaltung. Sie beschrieb ihren Bruder als hilfsbereiten und einfühlsamen Menschen: „*Wenn er helfen konnte, hat er ohne Erwartung einer Gegenleistung geholfen.*"[329] Sein erstes Azubigehalt habe der gelernte Fachlagerist für Menschen in Not gespendet. Er sei ein fröhlicher Mensch gewesen, der andere zum Lachen bringen konnte.[330] Die junge Frau appellierte an die Anwesenden: „*Helfen Sie, liebe Trauernde, dass wir den Hass und das Gift namens Rassismus aus unserer Gesellschaft restlos verbannen und wir alle (...) friedlich und glücklich in unserem Land leben können.*"[331]

Hanauer Bürgerrechtsbewegung kritisiert:
»Normalzustand von institutionellem Rassismus«

Mit der „Initiative 19. Februar Hanau" hat sich eine zivilgesellschaftliche, antirassistische Bürgerrechtsbewegung gegründet. In einer Presseerklärung anlässlich des ersten Jahrestages des Anschlags beklagen die Aktiven den „*Normalzustand von institutionellem Rassismus*" in Deutschland.[332] Dieses gesellschaftliche Manko spielte auch im Kontext der Frage, warum die Verbrechen des NSU nicht aufgeklärt worden waren, eine relevante Rolle. Opfer wurden zu Tätern gemacht.

Hanau im März 2020: Blumen und Kränze vor der Shisha-Bar „Midnight" für die Mordopfer des 19. Februar (Foto: Birgit Mair)

Stimmen von Angehörigen der Opfer des NSU zu den erneuten rassistisch motivierten Morden in Deutschland

Die rassistisch motivierten Morde in den letzten Jahren wirkten sich auch auf das Leben von Angehörigen der NSU-Mordopfer aus.

>*»Ich bin hier in diesem Land, in meinem Zuhause, mit gemischten Gefühlen, mit einem halben Herzen mittlerweile«*
>
> Gavriil Voulgaridis, Bruder des vom NSU ermordeten Theodoros Boulgarides

Gavriil Voulgaridis ist der Bruder des 2005 in München vom NSU ermordeten Theodoros Boulgarides. Er lebt seit fünfzig Jahren in der bayerischen Landeshauptstadt. Auf die Frage, was der rassistisch motivierte Anschlag am Olympia-Einkaufszentrum im Jahr 2016 bei ihm ausgelöst hat, antwortete er: *„Was wir erlebt haben, kommt alles wieder hoch. Man hat in den letzten Jahren mehr Angst vor der ansteigenden rechten Gewalt hier in Bayern und generell in ganz Deutschland".*[333] In Bezug auf den Mord an seinem Bruder sagte er: *„Es hat uns fünfzehn Jahre lang sehr viel Kraft gekostet. Wir versuchen, das nicht zu vergessen, aber wir versuchen, eine Normalität in unseren Alltag reinzubringen. Wir sind fünfzig Jahre hier und man muss wissen: Das ist für eine Gastarbeiterfamilie nicht leicht. Mein Bruder wurde ermordet und es wurde viel vertuscht. Da fühlt man sich nicht wohl. (...). Ich bin hier in diesem Land, in meinem Zuhause, mit gemischten Gefühlen, mit einem halben Herzen mittlerweile. Das war nicht immer so".*[334] In Anbetracht der erneuten Zunahme rassistischer Gewalt in Deutschland spielte Gavriil Voulgaridis, der seit seinem dritten Lebensjahr in München lebt, mit dem Gedanken, seinen Lebensabend in Griechenland zu verbringen: *„Dort bin ich zwar auch fremd, aber es ist mein Heimatland".*[335]

Gavriil Voulgaridis im April 2020 am Buchheim Museum im oberbayerischen Bernried (Foto: privat)

»Als ich von dem Anschlag erfahren habe, war ich so dermaßen unter Schock, dass ich eine Woche lang unter Depressionen litt. Mir war bewusst geworden: Es hätte mich wieder treffen können«

Semiya Şimşek, Tochter des ersten NSU-Mordopfers nach der rassistischen Bluttat von Hanau

Der Hanauer Anschlag riss auch bei Angehörigen der NSU-Mordopfer wieder alte Wunden auf. So berichtete der unweit von Hanau geborene und aufgewachsene Abdulkerim Şimşek, Sohn des im Jahr 2000 ermordeten hessischen Blumenhändlers, dass er als Jugendlicher Stammgast in der Shisha-Bar „Midnight" in Hanau war. Häufig habe er sich dort mit Freunden getroffen; man habe eine Pizza gegessen und sich unterhalten. Er erinnerte sich: *„Ich war total geschockt, als ich von dem Anschlag erfahren habe. Die Leute, die dort erschossen wurden, sahen so aus wie wir. Vor fast zwanzig Jahren haben Rassisten meinen Vater erschossen, jetzt hätte es mich direkt treffen können."*[336]

Semiya Şimşek, die Tochter des ersten NSU-Mordopfers, absolvierte in Hanau ihr Abitur. Jeden Freitag sei sie damals mit Freundinnen in der Hanauer Innenstadt unterwegs gewesen. *„Als ich von dem Anschlag erfahren habe, war ich so dermaßen unter Schock, dass ich eine Woche lang unter Depressionen litt. Mir war bewusst geworden: Es hätte mich wieder treffen können."*[337]

Semiya Şimşek beim Interview an einem der ehemaligen Tatorte im Jahr 2016 in Nürnberg (Foto: Birgit Mair)

Mitgefühl und Solidarität
unter den Betroffenen

Abdulkerim Şimşek im Jahr 2017 vor der Ausstellungstafel, die seinen ermordeten Vater zeigt (Foto: Birgit Mair)

schickte eine Grußbotschaft nach Hanau, ebenso der Bruder von Süleyman Taşköprü. Auch Mehmet O., Überlebender des ersten NSU-Bombenanschlags in Nürnberg, drückte auf diese Weise seine Anteilnahme mit den Hinterbliebenen aus.[338]

Abdulkerim Şimşek nahm drei Wochen nach dem Anschlag an einer großen Gedenkdemonstration in Hanau teil und kam dort mit den Familienmitgliedern eines Mordopfers in Kontakt. Er versuchte, Trost zu spenden und gab sich als Sohn des ersten NSU-Mordopfers zu erkennen. Im Januar 2021 sagte er, dass es sich für ihn so anfühle, als ob die rechte Szene in den vergangenen zehn Jahren viel stärker geworden sei. Als Migrant spüre man das im Alltag überall.[339]

Familienmitglieder des 2019 ermordeten Kasseler Regierungspräsidenten Walter Lübcke zeigten sich ebenfalls solidarisch. Am ersten Jahrestag des neonazistischen Anschlages in Hanau versuchten sie, den Betroffenen Mut zu machen: *„Wir wünschen den Angehörigen von ganzem Herzen, dass ihre drängenden Fragen bald beantwortet werden".*[340]

Bei den zahlreichen Gedenkveranstaltungen in Hanau solidarisierten sich auch Angehörige der NSU-Mordopfer und Überlebende des NSU-Terrors. Eine Tochter des in München vom NSU ermordeten Theodoros Boulgarides

Angehörige der Familien Şimşek, Kubaşık und Taşköprü und Überlebende des Kölner Nagelbombenanschlags, gemeinsam mit Ombudsfrau Barbara John vor dem NSU-Mahnmal in Nürnberg (Foto: Birgit Mair 2016)

»*Wichtig ist es, dass man nicht aufhört zu fragen*«

Mit dem Satz von Albert Einstein *„Wichtig ist es, dass man nicht aufhört zu fragen"* beendete die Witwe von Theodoros Boulgarides ihre Rede vor tausenden Zuhörerinnen und Zuhörern auf der Demonstration zum NSU-Prozess-Auftakt im Frühjahr 2013 in München.[341]

Abdulkerim Şimşek beantwortete die Frage, ob das Thema für ihn mit dem Ende des Münchner Prozesses abgeschlossen sei, in einem Interview im September 2017 folgendermaßen: *„Nein. (...) Die, die da sitzen, werden verurteilt. Wir wollten aber, dass aufgeklärt wird. Wir wollen hundertprozentige Aufklärung. (...) Uns ist klar, dass hinter dem NSU ein Netzwerk steckt. Es sind mehrere Leute, ein Netzwerk. (...) Doch sobald die Ermittlungen in Richtung Netzwerk gehen, wird sofort dichtgemacht. Akten werden nicht frei gegeben. (...) Ich sehe den Staat als mitschuldig."[342]*

Das Ende des Münchner NSU-Prozesses darf kein Schlussstrich sein

Demonstration am Tag der Urteilsverkündung in München (Foto: Birgit Mair 2018)

Fast zehn Jahre nach dem Auffliegen des NSU sind die meisten Unterstützerinnen und Unterstützer der neonazistischen Terrorgruppe unbekannt, ist unklar, wie und warum die Opfer ausgewählt wurden. Statt bei der Aufklärung der Verbrechen mitzuhelfen, wurde und wird seitens verschiedener Behörden geschreddert und gemauert. Neonazistische Zeuginnen und Zeugen wurden vor Gericht nicht selten mit Samthandschuhen angefasst, weitere NSU-Helferinnen und -Helfer bisher nicht angeklagt. Die Verfassungsschutzbehörden arbeiten in Form des V-Leute-Systems weiterhin mit Neonazis und anderen extrem Rechten zusammen. Strukturelle Veränderungen im Umgang mit rassistischen und extrem rechten Phänomenen zeichnen sich nicht ab.

Die größtenteils milden Urteile im NSU-Prozess verfehlten ihre abschreckende Wirkung. Die Serie rechter Morde setzte sich fort. Es ist vor allem die Aufgabe zivilgesellschaftlicher Initiativen und kritischer Journalistinnen und Journalisten, das NSU-Netzwerk durch weitere Recherchen zu enttarnen. Der gesellschaftliche Druck in Richtung personeller Konsequenzen und essentieller Reformen muss über den Münchner NSU-Prozess hinaus aufrechterhalten werden. Dies sind wir den Opfern des rassistischen Terrors und ihren Angehörigen schuldig. Nur so können wir aus der Geschichte lernen.

Birgit Mair, Nürnberg im Februar 2021

Literaturverzeichnis

andere zustände ermöglichen (Hg): Prozesse der Aufarbeitung. Ein erstes Fazit zum Ende des NSU-Verfahrens, Berlin 2017, Internetseite: http://aze.blogsport.eu/files/2017/07/aze_nsu-broschuere-final-web.pdf

Arbeit und Leben DGB/VHS Hamburg e.V. (Hg.): Rassismus als Terror, Struktur und Einstellung. Bildungsbaustein mit Methoden zum NSU-Komplex, Hamburg 2017, Internetseite: https://hamburg.arbeitundleben.de/img/daten/D347839919.pdf

Argumente – Netzwerk antirassistischer Bildung e.V. (Hg.): Braune Soß aus Franken – Strukturen der Neonazis und extrem Rechten in Mittel- und Oberfranken und der Widerstand dagegen. Berlin 2012

Argumente – Netzwerk antirassistischer Bildung e.V. (Hg.): Braune Soß aus Nordbayern – Strukturen der Neonazis und extrem Rechten in Franken und der Oberpfalz und der Widerstand dagegen. Berlin 2017

Argumente – Netzwerk antirassistischer Bildung e.V. (Hg.): Spezialitäten aus Mittelfranken – Ein Überblick über rechte und rechtsextreme Strukturen. Berlin 2003

Aust, Stefan / Laabs, Dirk: Heimatschutz. Der Staat und die Mordserie des NSU. München 2014

Baumgärtner, Mike / Böttcher, Marcus: Das Zwickauer Terror-Trio – Ereignisse, Szene, Hintergründe. Berlin 2012

Billstein, Thomas: kein vergessen. Todesopfer rechter Gewalt in Deutschland nach 1945. Münster 2020

Billstein, Thomas / Feldmann, Dorina / Kohlstruck, Michael / Laube Max / Schultz Gebhard / Tausendteufel, Helmut, 2. überarbeitete Auflage 2018: Klassifikation politisch rechter Tötungsdelikte – Berlin 1990 bis 2008. Berlin 2018

Bozay, Kemal / Aslan, Bahar / Mangitay, Orhan / Özfırat, Funda: Die haben gedacht, wir waren das. MigrantInnen über rechten Terror und Rassismus. Köln 2017

Chaussy, Ulrich: Das Oktoberfest-Attentat und der Doppelmord von Erlangen. Wie Rechtsterrorismus und Antisemitismus seit 1980 verdrängt werden. 4. aktualisierte und erweiterte Auflage. Berlin 2020

Daimagüler, Mehmet: Empörung reicht nicht! Unser Staat hat versagt. Jetzt sind wir dran. Mein Plädoyer im NSU-Prozess. Köln 2017

Dengler, Pascal / Foroutan, Naika: Die Aufarbeitung des NSU als deutscher Stephen-Lawrence-Moment? – Thematisierung von institutionellem Rassismus in Deutschland und Großbritannien, in: Fereidooni, Karim / El, Meral (Hg.): Rassismuskritik und Widerstandsformen. Wiesbaden 2017

Dischereit, Esther / Yeniyol, Saliha: Blumen für Otello – Über die Verbrechen von Jena. Klagelieder/ Otello için Çiçekler – Jena cinayetlerine dair. Zürich 2014

Dostluk Sineması (Hg.): Von Mauerfall bis Nagelbombe. Der NSU-Anschlag auf die Kölner Keupstraße im Kontext der Pogrome und Anschläge der neunziger Jahre. Berlin 2014

Eick, Volker / Arnold, Jörg: 40 Jahre RAV. Im Kampf um die freie Advokatur und um ein demokratisches Recht. Münster 2019

Förster, Andreas (Hg.): Geheimsache NSU. Zehn Morde, von Aufklärung keine Spur. Tübingen 2014

Fuchs, Christian / Goetz, John: Rechter Terror in Deutschland. Die Zelle. Reinbek bei Hamburg 2012

Funke, Hajo: Sicherheitsrisiko Verfassungsschutz. Staatsaffäre NSU: das V-Mann-Desaster und was daraus gelernt werden muss. Hamburg 2017

Gensing, Patrick: Terror von Rechts – Die Nazimorde und das Versagen der Politik. Berlin 2012

Gössner, Rolf: Geheime Informanten. V-Leute des Verfassungsschutzes: Neonazis im Dienst des Staates. München 2012

John, Barbara (Hg.): Unsere Wunden kann die Zeit nicht heilen. Was der NSU-Terror für die Opfer der Angehörigen bedeutet. Freiburg 2014

Karakayali, Juliane / Kahveci, Cagri / Liebscher, Doris / Melchers, Carl (Hg.): Den NSU-Komplex analysieren. Aktuelle Perspektiven aus der Wissenschaft. Bielefeld 2017

Kettner, Jasper / Arslan, Ibrahim: Die Angehörigen. Berlin 2019

Knieper, Rolf / Khan, Elizaveta (Hg.): Projekt Dimensionen – Der NSU und seine Auswirkungen auf die Migrationsgesellschaft. Ein Methodenreader für Multiplikator_innen in der Jugend- und Bildungsarbeit, Düsseldorf 2015, Internetseite: www.projekt-dimensionen.de

Kulturbüro Sachsen e.V. (Hg.) Unter den Teppich gekehrt! Das Unterstützungsnetzwerk des NSU in Sachsen, 2. Auflage. Dresden 2018

Lückenlos e.V. (Hg.): Tribunal NSU-Komplex auflösen: Wir klagen an! Köln 2017, Internetseite: http://www.nsu-tribunal.de/ wp-content/uploads/2017/05/NSU-Tribunal_Anklageschrift.pdf

Mair, Birgit: Ich habe noch nie einen Neonazi auf einem Fahrrad gesehen. Vorläufiges Fazit aus der Beobachtung des bayerischen NSU-Untersuchungsausschusses 2012/2013, Nürnberg 2013, Internetseite: https://www.nsu-watch.info/2013/06/ich-hab-noch-nie-einen-neonazi-auf-einem- fahrrad-gesehen/

Mair, Birgit: Extreme Rechte und Rassismus in Bayern. Eine Bestandsaufnahme und was wir dagegen tun können. Bayerisches Seminar für Politik e.V. (Hg.). München 2015

Mair, Birgit: Aspekte des Antisemitismus in Deutschland und Syrien - Ein Streifzug durch die Geschichte. ISFBB e.V. (Hg.) Nürnberg 2020

Mair, Birgit: Die NSU-Morde. Menschenhass in der Stadt der Menschenrechte in: rollator, erste Ausgabe. Akademie der Bildenden Künste Nürnberg (Hg.) Nürnberg 2019

Mecklenburg, Jens (Hg.): Handbuch Deutscher Rechtsextremismus. Berlin 1996

NDR-Sendung „Blutspur durch Deutschland – Die NSU-Morde" vom 8. April 2013

NSU-Bericht der Türkischen Gemeinde Deutschland (Kurzbezeichnung im vorliegenden Begleitband). Bericht der Türkischen Gemeinde Deutschland zum NSU und die daraus folgenden Konsequenzen, Berlin, August 2013

NSU-Watch: Aufklären und einmischen. Der NSU-Komplex und der Münchener Prozess. Berlin 2020

Pirker, Peter: Codename Brooklyn. Jüdische Agenten im Feindesland. Die Operation Greenup 1945. Innsbruck / Wien 2019

Quent, Matthias: Rassismus, Radikalisierung, Rechtsterrorismus. Wie der NSU entstand und was er über die Gesellschaft verrät, 2. Überarbeitete und erweiterte Auflage. Weinheim/Basel 2018

Ramelow, Bodo (Hg.): Made in Thüringen? Nazi-Terror und Verfassungsschutz-Skandal. Hamburg 2012

Ramelow, Bodo (Hg.): Schreddern, Spitzeln, Staatsversagen – Wie rechter Terror, Behördenkumpanei und Rassismus aus der Mitte zusammengehen. Hamburg 2013

Ramelsberger, Annette / Ramm, Wiebke / Schultz, Tanjev / Stadler, Rainer Der NSU-Prozess. Das Protokoll. München 2018

Röpke, Andrea / Speit, Andreas: Blut und Ehre. Geschichte und Gegenwart rechter Gewalt in Deutschland. Berlin 2013

Schäfer-Gutachten (Kurzbezeichnung im vorliegenden Begleitband). Schäfer, Gerhard / Wache, Volkhard / Meiborg, Gerhard. Gutachten zum Verhalten der Thüringer Behörden und Staatsanwaltschaften bei der Verfolgung des „Zwickauer Trios" im Auftrag des Freistaates Thüringen vertreten durch: Innenministerium Thüringen, Erfurt 14. Mai 2013, 273 Seiten, zu finden auf der Internetseite www.thueringen.de

Şimşek, Semiya / Schwarz, Peter: Schmerzliche Heimat. Deutschland und der Mord an meinem Vater. Berlin 2013

Steinke, Ronen: Terror gegen Juden. Wie antisemitische Gewalt erstarkt und der Staat versagt. Berlin 2020

Virchow, Fabian / Thomas, Tanja / Grittmann, Elke (Hg.) Das Unwort erklärt die Tat – Die Berichterstattung über die NSU-Morde – eine Medienkritik, Frankfurt a. M.: Otto-Brenner-Stiftung 2015, Internetseite: https://www.otto-brenner-stiftung.de

Von der Behrens, Antonia (Hg.): Kein Schlusswort. Nazi-Terror, Sicherheitsbehörden, Unterstützernetzwerk. Plädoyers im NSU-Prozess. Hamburg 2018

VVN-BdA Bamberg (Hg.): Wichtig ist es, dass wir nicht aufhören zu fragen. Fünf NSU-Morde in Bayern und alles bleibt wie es ist? Bamberg 2014

Waibel, Harry: Rassisten in Deutschland. Frankfurt am Main 2012

NSU-Untersuchungsausschüsse

Baden-Württemberg: Bericht und Beschlussempfehlung vom 28. April 2016, 1660 Seiten, Drucksache 15/8000

Bayern: Schlussbericht vom 10. Juli 2013, 262 Seiten, Drucksache 16/17740

Brandenburg: Beschlussempfehlung und Bericht vom 3. Juni 2019, 3283 Seiten, Drucksache 6/11485

Bundestag: Beschlussempfehlung und Bericht vom 22. August 2013, 1357 Seiten, Drucksache 17/14600

Bundestag: Beschlussempfehlung und Bericht des 3. Untersuchungsausschusses vom 23.6.2017, 1798 Seiten, Drucksache 18/12950

Hamburg: Mitteilung des Senats an die Bürgerschaft vom 29. April 2014, 87 Seiten, Drucksache 20/11661

Hessen: Bericht des Untersuchungsausschusses 19/2 zu Drucksache 19/445 vom 17. Juli 2018, 1269 Seiten, Drucksache 19/6611

Mecklenburg-Vorpommern: Bericht zur Unterrichtung des Ausschusses für Inneres und Europa des Landtages Mecklenburg-Vorpommern zum Thema „Nationalsozialistischer Untergrund" (NSU) April 2017, veröffentlicht am 11. Januar 2019, 72 Seiten

Nordrhein-Westfalen: Schlussbericht des Parlamentarischen Untersuchungsausschusses III vom 27.3.2017, 1150 Seiten, Drucksache 16/14400

Sachsen: Abschlussbericht sowie abweichende Berichte vom 27. Juni 2014, 118 Seiten, Drucksache 5/14688

Thüringen: Bericht vom 16. Juli 2014, 1896 Seiten, Drucksache 5/8080 zu Drucksache 5/5810 zu Drucksache 5/3969 zu Drucksache 5/3902

Thüringen: Bericht des Untersuchungsausschusses 6/1 „Rechtsterrorismus und Behördenhandeln" Drucksache 6/7612 zu Drucksache 3/314, zu Drucksache 6/232, Neufassung vom 29. August 2019

Die oben genannten Berichte lassen sich auf den Internetseiten der betreffenden Landtage bzw. des Bundestags herunterladen.

Weitere Informationen zu NSU-Untersuchungsausschüssen finden sich auf der Internetseite: www.nsu-watch.info

Internet

www.opfer-des-nsu.de

www.nsu-watch.info

Rede von Gamze Kubaşık anlässlich der Gedenkfeier am 4. April 2013 für ihren ermordeten Vater in Dortmund: http://www.youtube.com/watch?v=zMmkUT2q3VQ

Filme (Auswahl)

Der Kuaför aus der Keupstraße, 2015, Kinofilm von Andreas Maus, 92 Minuten, Verleih: www.realfictionfilme.de

Der zweite Anschlag. 2018, Dokumentarfilm von Mala Reinhardt, 62 Minuten, Verleih: https://derzweiteanschlag.de/film/

Es geht gar nicht um die Opfer ... – Wie Angehörige und Betroffene mit dem NSU-Prozess umgehen, Bundeszentrale für politische Bildung 2016, 12 Minuten, Internetseite: http://www.bpb.de/mediathek/225119/es-geht-gar-nicht-um-die-opfer

Filmdokument der Schweigemärsche in Kassel und Dortmund 2006 mit bewegenden Reden von Angehörigen der NSU-Opfer: http://www.nsu-watch.info/2014/01/kein-10-opfer-kurzfilm-ueber-die-schweigemaersche-in-kassel-und-dortmund-im-maijuni-2006/

„Ich kenne meine Feinde" – Die migrantische Community und der NSU, Bundeszentrale für politische Bildung 2013, 12 Minuten, Internetseite: http://www.bpb.de/politik/extremismus/rechtsextremismus/175433/video-die-migrantische-community-und-der-nsu

Spuren – die Opfer des NSU. 2019, Kinofilm von Asyun Bademsoy, 81 Minuten, Verleih: https://www.salzgeber.de/spuren

Theaterstücke (Auswahl)

Bühne für Menschenrechte: Die NSU-Monologe. Internetseite: https://buehne-fuer-menschenrechte.de/nsu-monologe/

nö theater Köln: V wie Verfassungsschutz (Premiere 2012). A wie Aufklärung (Premiere 2016), Internetseite: https://noetheater.de/

Fußnoten:

1 *Esther Bejarano in den Tagesthemen am 27. Januar 2021, am 76. Jahrestag der Befreiung des Vernichtungslagers Auschwitz-Birkenau. Quelle: https://www.tagesschau.de/multimedia/video/video-815809.html, Aufruf 4. Februar*

2021. Frau Bejarano hat uns erlaubt, ihre Worte abzudrucken.

2 *E-Mail von Semiya Şimşek, der Tochter von Enver Şimşek, an die Verfasserin vom 5. September 2013*

3 *Şimşek, Semiya / Schwarz, Peter (2013), S. 23 ff.*

4 *Telefongespräch der Verfasserin mit Semiya Şimşek, der Tochter des Ermordeten, am 7. Dezember 2020*

5 *Ebd.*

6 *Şimşek, Semiya / Schwarz, Peter (2013), S. 50 ff.*

7 *Zeugenaussage von Albert Vögeler (Polizeipräsidium Mittelfranken) bei der 11. Sitzung des Untersuchungsausschusses „Rechtsterrorismus in Bayern – NSU" am 22. Januar 2013 im Bayerischen Landtag München, Sitzungsprotokoll der Verfasserin sowie E-Mail von Semiya Şimşek, der Tochter des Ermordeten, an die Verfasserin vom 5. September 2013*

8 *Untersuchungsausschuss „Rechtsterrorismus in Bayern – NSU" des Bayerischen Landtags, München 2012/2013, Sitzungsprotokolle im Archiv der Verfasserin*

9 *Interview der Verfasserin mit Abdulkerim Şimşek, dem Sohn des Ermordeten, am 21. September 2017 im Aktiven Museum Spiegelgasse Wiesbaden, vgl. https://www.opfer-des-nsu.de/Realisierte-Veranstaltungen_index18.htm sowie Birgit Mair (2018): Extreme Rechte und Rassismus in Bayern, München, Bayerisches Seminar für Politik e.V. und Georg-von-Vollmar-Akademie (Hg.), S. 24 ff, Şimşek, Semiya / Schwarz, Peter (2013), S. 92 ff. sowie Videoaufnahme einer Rede von Abdulkerim Şimşek bei einer Gedenkveranstaltung des Nürnberger Bündnis Nazistopp zum 20. Jahrestag der Ermordung von Enver Şimşek am 5. September 2020 in Nürnberg, Archiv der Verfasserin*

10 *Nürnberger Nachrichten vom 25. Juni 2013, S. 3*

11 *Ebd.*

12 *E-Mail des Anwalts der Tochter von Abdurrahim Özüdoğru vom 11. September 2013 an die Ausstellungsmacherin*

13 *Nachricht der Schwester des Ermordeten an die Verfasserin vom 4. Januar 2021. Wenn im Text von der Schwester die Rede ist, so ist die vier Jahre jüngere Schwester von Süleyman Taşköprü gemeint*

14 *Telefonat der Verfasserin mit der vier Jahre jüngeren Schwester von Süleyman Taşköprü am 7. Januar 2021.*

15 *E-Mails der Schwester von Süleyman Taşköprü vom 6. Januar 2021 sowie vom 8. Januar 2021 an die Verfasserin*

16 *Ebd.*

17 *Ebd.*

18 *Zeugenaussage des Vaters des Ermordeten im Münchner NSU-Prozess, 37. Verhandlungstag, 23. September 2013. Internet: https://www.nsu-watch.info/2013/09/protokoll-37-verhandlungstag-23-sept-2013/, Aufruf 7. Dezember 2020*

19 *Telefonat der Verfasserin mit der Schwester von Süleyman Taşköprü am 7. Januar 2021*

20 *Ebd.*

21 *Gespräche der Verfasserin mit der damaligen Nebenklagevertreterin der Schwester von Süleyman Taşköprü am 27. März 2013 in Hamburg sowie Nachricht des Bruders des Ermordeten vom 7. Februar 2018 an die Verfasserin*

22 *Interview der Verfasserin mit dem Bruder des Ermordeten am 17. April 2018 im Rahmen der Ausstellungseröffnung „Die Opfer des NSU und die Aufarbeitung der Verbrechen" in der Volkshochschule Wuppertal sowie Telefonat der Verfasserin mit der Schwester von Süleyman Taşköprü am 7. Januar 2021*

23 *Zeugenaussage des Vaters des Ermordeten im Münchner NSU-Prozess, 37. Verhandlungstag, 23. September 2013. Internet: https://www.nsu-watch.info/2013/09/protokoll-37-verhandlungstag-23-sept-2013/, Aufruf 7. Dezember 2020*

24 *Ebd.*

25 *Nachricht des Bruders des Ermordeten an die Verfasserin vom 14. Dezember 2020*

26 *E-Mail der Schwester von Süleyman Taşköprü vom 6. Januar 2021 an die Verfasserin*

27 *Brief der Bürgermeisterin von Zwickau vom 1. Juli 2020 an die Ombudsfrau der Bundesregierung für die Opfer und Opferangehörigen des NSU, Kopie im Archiv der Verfasserin*

28 *Ebd.*

29 *Telefonat der Verfasserin mit der Schwester von Süleyman Taşköprü am 7. Januar 2021*

30 *Brief des Nebenklagevertreters der Witwe von Habil Kılıç an die Verfasserin vom 7. August 2013 sowie Telefonat mit ihm und der Verfasserin am 1. Februar 2021*

31 *John, Barbara (2014) S. 65*

32 *Ebd.*

33 *Telefonat der Verfasserin mit dem Nebenklageanwalt der Witwe von Habil Kılıç am 1. Februar 2021*

34 *Zeugenaussage der Witwe des Verstorbenen im NSU-Prozess in München, 22. Verhandlungstag am 11. Juli 2013, https://www.nsu-watch.info/2013/07/protokoll-22-verhandlungstag-11-juli-2013/*

35 *Untersuchungsausschusses „Rechtsterrorismus in Bayern – NSU" im Bayerischen Landtag in München, 2012/2013, Sitzungsprotokolle im Archiv der Verfasserin*

36 *Nürnberger Nachrichten vom 25. Juni 2013, S. 3*

37 *Telefonat des Nebenklagevertreters der Witwe von Habil Kılıç mit der Verfasserin am 1. Februar 2021*

38 *Telefonat des Nebenklageanwalts der Witwe des Ermordeten mit der Verfasserin am 1. Februar 2021*

39 *Zeugenaussage des KOR a.D. Josef W. im NSU-Prozess in München, 22. Verhandlungstag am 11. Juli 2013, https://www.nsu-watch.info/2013/07/protokoll-22-verhandlungstag-11-juli-2013/*

40 *Untersuchungsausschusses „Rechtsterrorismus in Bayern – NSU" im Bayerischen Landtag in München, 2012/2013, Sitzungsprotokolle im Archiv der Verfasserin*

41 *Zeugenaussage der Schwiegermutter von Habil Kılıç im NSU-Prozess in München, 22. Verhandlungstag am 11. Juli 2013, https://www.nsu-watch.info/2013/07/protokoll-22-verhandlungstag-11-juli-2013/*

42 *Ebd.*

43 *John, Barbara (2014), S. 68 f.*

44 *Brief des Nebenklagevertreters der Witwe von Habil Kılıç an die Verfasserin vom 7. August 2013*

45 *https://www.tz.de/muenchen/stadt/gedenktafeln-nsu-mordopfer-enthuellt-3209420.html, Aufruf 15. Dezember 2020*

46 *Telefonat der Verfasserin mit dem Nebenklagevertreter der Familie Turgut am 27. Januar 2021*

47 *John, Barbara (2014), S. 77 sowie Telefonat der Verfasserin mit dem Nebenklagevertreter der Familie Turgut am 27. Januar 2021*

48 *E-Mail eines Nebenklagevertreters der Familie von Mehmet Turgut vom 19. September 2013 an die Verfasserin*

49 *John, Barbara (2014), S. 74 f.*

50 *E-Mail eines Nebenklagevertreters der Familie von Mehmet Turgut vom 19. September 2013 an die Verfasserin*

51 Torben Hinz: Rostocker gedenken Mehmet Turguts, 26. Februar 2012, Internet: https://www.nnn.de/lokales/rostock/rostocker-gedenken-mehmet-turguts-id4270676.html, Aufruf 12. Dezember 2020

52 ARD-Dokumentation „Acht Türken, ein Grieche und eine Polizistin", ausgestrahlt am 16. April 2013

53 Ebd.

54 Zeugenaussage eines Polizeibeamten im NSU-Prozess in München, 49. Verhandlungstag am 23. Oktober 2013, Internet: https://www.nsu-watch.info/2013/10/protokoll-49-verhandlungstag-23-oktober-2013/, Aufruf 5. Dezember 2020

55 Zeugenaussage eines Polizeibeamten im NSU-Untersuchungsausschuss Mecklenburg-Vorpommern, Sitzung vom 8. Mai 2020, Internet: https://www.landtag-mv.de/landtag/ausschuesse/untersuchungsausschuss-nsu, Aufruf 12. Dezember 2020

56 John, Barbara (2014), S. 75 ff.

57 Ebd.

58 ARD-Dokumentation „Acht Türken, ein Grieche und eine Polizistin", ausgestrahlt am 16. April 2013

59 Ebd.

60 John, Barbara (2014), S. 72

61 https://www.zeit.de/gesellschaft/zeitgeschehen/2019-10/mahnmale-nsu-opfer-schaendung-welt-am-sonntag?utm_referrer=https%3A%2F%2Fwww.bing.com%2F, Aufruf 15. Dezember 2020

62 https://www.ostsee-zeitung.de/Nachrichten/MV-aktuell/vor-15-Jahren-ermordet-Gedenken-an-NSU-Opfer-Mehmet-Turgut-in-Rostock, Aufruf 15. Dezember 2020

63 Telefonat der Verfasserin mit dem Sohn von İsmail Yaşar am 27. Januar 2021

64 Gespräch der Verfasserin mit dem Sohn von İsmail Yaşar am 24. Juli 2018 in Nürnberg

65 John, Barbara (2014) S. 93

66 Fürther Nachrichten vom 10. Juni 2013

67 Fürther Nachrichten vom 4. September 2012

68 Şimşek, Semiya / Schwarz, Peter (2013), S. 141

69 E-Mails des Nebenklagevertreters von Angehörigen von İsmail Yaşar im September 2013 an die Ausstellungsmacherin

70 Gespräch der Verfasserin mit dem Sohn von İsmail Yaşar am 24. Juli 2018 in Nürnberg

71 Ebd. sowie John, Barbara (2014), S. 96

72 Gespräch der Verfasserin mit dem Sohn von İsmail Yaşar am 24. Juli 2018 in Nürnberg

73 Jugendkultureinrichtung in der Nähe des ehemaligen Yaşar-Imbisses

74 Gespräch der Verfasserin mit dem Sohn von İsmail Yaşar am 24. Juli 2018 in Nürnberg

75 Ebd.

76 Gespräch der Verfasserin mit dem Sohn von İsmail Yaşar am 24. Juli 2018 in Nürnberg sowie Mair, Birgit (2019): Die NSU-Morde. Menschenhass in der Stadt der Menschenrechte. In: rollator, Ausgabe 1, Nürnberg, Akademie der Bildenden Künste, S. 32 f.

77 Ebd.

78 Gespräch der Verfasserin mit dem Sohn von İsmail Yaşar am 24. Juli 2018 in Nürnberg

79 E-Mail der Nebenklagevertreterin der Witwe von Theodoros Boulgarides vom 19. September 2013 an die Verfasserin sowie John, Barbara (2014) S. 103

80 Die Schreibweise des Nachnamens des Bruders des Ermordeten unterscheidet sich aufgrund einer behördlichen Festlegung von der Schreibweise des Namens von Theodoros Boulgarides. Telefongespräch der Verfasserin mit Gavriil Voulgaridis, dem Bruder des Ermordeten, am 3. Dezember 2020

81 Fuchs, Christian / Goertz, John (2012) S. 181 sowie E-Mail der Nebenklagevertreterin der Witwe von Theodoros Boulgarides vom 19. September 2013 an die Verfasserin

82 E-Mail der Nebenklagevertreterin der Witwe von Theodoros Boulgarides vom 19. September 2013 an die Verfasserin

83 Ebd.

84 Telefongespräch der Verfasserin mit Gavriil Voulgaridis am 3. Dezember 2020

85 Kettner, Jasper / Arslan, Ibrahim (2019) S. 94. Zitiert nach einem Redebeitrag des Bruders des vom NSU ermordeten Theodoros Boulgarides beim „Tribunal NSU-Komplex auflösen" in Köln im Mai 2017

86 Ebd.

87 NDR-Dokumentation „Blutspur durch Deutschland: Die NSU-Morde", ausgestrahlt am 8. April 2013 sowie Telefongespräch der Verfasserin mit Gavriil Voulgaridis am 3. Dezember 2020

88 Telefongespräch der Verfasserin mit Gavriil Voulgaridis am 27. Januar 2021

89 Nachricht von Gavriil Voulgaridis an die Verfasserin am 5. Dezember 2020

90 Plädoyer der Witwe des Ermordeten am 8. Februar 2018 im Münchner NSU-Prozess, Archiv der Verfasserin

91 Ebd.

92 Telefongespräch der Verfasserin mit Gavriil Voulgaridis am 3. Dezember 2020, Nachricht von Gavriil Voulgaridis an die Verfasserin vom 17. Dezember 2020 sowie John, Barbara (2014) S. 103

93 Telefongespräch der Verfasserin mit Gavriil Voulgaridis am 3. Dezember 2020 sowie E-Mail von Gavriil Voulgaridis vom 8. Dezember 2020 an die Verfasserin

94 O-Ton-Mitschnitt im Archiv der Verfasserin sowie VVN-BdA Bamberg (2014) S. 11

95 Rede von Gamze Kubaşık anlässlich der Gedenkfeier an ihren Vater am 4. April 2013 in Dortmund, Internetseite: http://www.youtube.com/watch?v=zMmkUT2q3VQ, Aufruf am 28. Juni 2013

96 Internetseite: http://www.dw.de/eine-tochter-will-gerechtigkeit/a-16702879, veröffentlicht am 25. April 2013, Aufruf am 28. Juni 2013

97 E-Mail von Gamze Kubaşık vom 23. Juli 2013 an die Ausstellungsmacherin

98 Internetseite: http://www.zeit.de/2012/42/Interview-Yozgat-Opfer-NSU, veröffentlicht am 11. Oktober 2012, Aufruf am 29. Juni 2013

99 Fuchs, Christian / Goertz, John (2012), S. 186 f.

100 Baumgärtner, Mike / Böttcher, Marcus (2012), S. 157

101 NSU-Untersuchungsausschuss des Bundestags, Drucksache 17/14600 vom 22. August 2013, S. 495 ff.

102 Internetseite: http://www.zeit.de/2012/42/Interview-Yozgat-Opfer-NSU, veröffentlicht am 11. Oktober 2012, Aufruf am 29. Juni 2013

103 NSU-Untersuchungsausschuss des Bundestags, Drucksache 17/14600 vom 22. August 2013, S. 622 f.

104 Fuchs, Christian / Goertz, John (2012), S. 197

105 E-Mail der Nebenklagevertreterin der Mutter von Michèle Kiesewetter vom 29. Juli 2013 an die Verfasserin

106 NSU-Prozess München, 75. Verhandlungstag am 16. Januar 2014, Internet: https://www.nsu-watch.info/2014/01/protokoll-75-verhandlungstag-16-1-2014/, Aufruf 9. Dezember 2020 sowie Telefonat der Verfasserin mit dem Nebenklageanwalt des Kollegen von Frau Kiesewetter am 29. Januar 2021 sowie E-Mail des Nebenklageanwalts des Kollegen von Frau

Kiesewetter vom 1. Februar 2021 an die Verfasserin

107 https://www.zeit.de/gesellschaft/zeitgeschehen/2019-10/mahnmale-nsu-opfer-schaendung-welt-am-sonntag?utm_referrer=https%3A%2F%2Fwww.bing.com%2F, Aufruf 15. Dezember 2020

108 Sinti und Roma waren während des Nationalsozialismus verfolgt und ermordet worden und auch in der Nachkriegszeit insbesondere in Westdeutschland jahrzehntelang institutionellem Rassismus ausgesetzt. Vgl. Mair, Birgit (2019): Die letzten Zeugen – Meine Arbeit mit Holocaust-Überlebenden an Schulen, Nürnberg, Institut für sozialwissenschaftliche Forschung, Bildung und Beratung (ISFBB) e.V., S. 58 ff. sowie https://www.sueddeutsche.de/wissen/sinti-roma-genetik-verdacht-1.5114089, Aufruf 14. Dezember 2020

109 Die Polizeibeamten Thomas Goertzky, Yvonne Hachtkemper und Matthias Larisch-von-Woitowitz wurden im Juni 2000 von einem Neonazi in Dortmund erschossen. Vgl. Billstein, Thomas (2020): kein vergessen. Todesopfer rechter Gewalt in Deutschland seit 1945. Münster, Unrast-Verlag, S. 19 und S. 203

110 NSU-Prozess München, 75. Verhandlungstag am 16. Januar 2014, Internet: https://www.nsu-watch.info/2014/01/protokoll-75-verhandlungstag-16-1-2014/, Aufruf 9. Dezember 2020

111 https://www.welt.de/politik/deutschland/article124126977/Kiesewetter-Kollegen-waren-im-Ku-Klux-Klan.html, Aufruf 27. Januar 2021 sowie Landtag von Baden-Württemberg (2016): Bericht und Beschlussempfehlung des Untersuchungsausschusses „Die Aufarbeitung der Kontakte und Aktivitäten des Nationalsozialistischen Untergrunds (NSU) in Baden-Württemberg und die Umstände der Ermordung der Polizeibeamtin M.K.", Drucksache 15 /

8000 vom 28. April 2016, S. 242 sowie 248 f.

112 Ein Foto, das im Zusammenhang mit dem Anschlag am 25. Juni 1999 in der „Nürnberger Zeitung" abgebildet war, zeigt, dass die kleine Kneipe hinter dem Nürnberger Hauptbahnhof vor der Umbenennung „Sunshine" hieß. Wann das Foto genau gemacht wurde, lässt sich laut Auskunft des Bildarchivs der Nürnberger Nachrichten nicht mehr rekonstruieren

113 Interview der Verfasserin mit Mehmet O. am 7. Februar 2019 in der Villa Leon Nürnberg im Rahmen der Ausstellungseröffnung „Die Opfer des NSU und die Aufarbeitung der Verbrechen", O-Ton-Mitschnitt im Archiv der Verfasserin

114 Aussage von Carsten S. am 8. Verhandlungstag im NSU-Prozess am 11. Juni 2013 in München, Internetseite: https://www.nsu-watch.info/2013/06/protokoll-8-verhandlungstag-11-juni-2013//, Aufruf am 21. Dezember 2020

115 Interview der Verfasserin mit Mehmet O. am 7. Februar 2019 bei einer Podiumsveranstaltung in der Villa Leon Nürnberg im Rahmen der Ausstellungseröffnung „Die Opfer des NSU und die Aufarbeitung der Verbrechen", O-Ton-Mitschnitt im Archiv der Verfasserin

116 Nürnberger Nachrichten vom 25. Juni 1999

117 Ebd.

118 O-Ton-Mitschnitt einer Veranstaltung mit Mehmet O. und Birgit Mair am 17. Juli 2018 im Helene-Lange-Gymnasium Fürth, Archiv der Verfasserin. Teile der Veranstaltung wurden hier veröffentlicht: http://radio-z.net/de/component/jimtawl/topic/297027-ich-bin-halt-als-mensch-nichts-wert-fuer-die-mehmet-o-ueberlebte-einen-rohrbombenanschlag-des-nsu-und-erzaehlt-seine-geschichte.html, Aufruf 22. Dezember 2020

119 Ebd.

120 Interview der Verfasserin mit Mehmet O. am 7. Februar 2019 bei einer Podiumsveranstaltung in der Villa Leon Nürnberg im Rahmen der Ausstellungseröffnung „Die Opfer des NSU und die Aufarbeitung der Verbrechen", O-Ton-Mitschnitt im Archiv der Verfasserin

121 Interview der Verfasserin mit Mehmet O. am 7. Februar 2019 im ISFBB-Büro Nürnberg

122 Ebd.

123 Telefonat der Verfasserin mit Mehmet O. am 19. Dezember 2020. Der bekennende Neonazi André E. wurde am 11. Juli 2018 im Münchner NSU-Prozess wegen Unterstützung einer terroristischen Vereinigung zu zweieinhalb Jahren Haft verurteilt. Viele Beobachterinnen und Beobachter kritisierten diese Strafe, sie sei skandalös niedrig. Das Urteil ist noch nicht rechtskräftig

124 Ebd.

125 Vortrag der Nebenklagevertreterin des Opfers des Sprengstoffanschlags des NSU in Köln 2001 bei der Tagung „Fünf NSU-Morde in Bayern – Und alles bleibt wie es ist?" der Nordbayerischen Bündnisse gegen Rechts am 2. Februar 2013 in Nürnberg sowie E-Mail der Nebenklagevertreterin des Opfers des Bombenanschlags vom 4. September 2013 an die Ausstellungsmacherin

126 NSU-Untersuchungsausschuss des Bundestages, Drucksache 17/14600 vom 22. August 2013, S. 670

127 https://www.nsu-watch.info/2015/03/zur-verhandlung-des-nagelbombenanschlags-in-der-koelner-keupstrasse/, Aufruf 9. Februar 2021

128 ARD-Dokumentation „Acht Türken, ein Grieche und eine deutsche Polizistin", ausgestrahlt am 18. März 2013

129 Kettner, Kasper / Arslan, Ibrahim (2019), S. 90 f.

130 NSU-Untersuchungsausschuss des Bundestags, Drucksache 17/14600 vom 22. August 2013, S. 72 f. sowie S. 715

f. (Hier findet man eine Auflistung der genauen Tatorte sowie die exakten Beutebeträge)

131 NSU-Untersuchungsausschuss des Bundestags, Drucksache 17/14600 vom 22. August 2013, S. 1 f., S. 75 sowie S. 922

132 NSU-Watch-Protokoll aus dem NSU-Prozess, Internetseite: http://www.nsu-watch.info/2013/08/protokoll-29-verhandlungstag-30-juli-2013/, Aufruf am 19. September 2013

133 NSU-Untersuchungsausschuss des Bundestags, Drucksache 17/14600 vom 22. August 2013, S. 1 f.

134 Ilius, Carsten: „Der Mord an Mehmet Kubaşık in Dortmund", in: Von der Behrens, Antonia: Kein Schlusswort. Nazi-Terror, Sicherheitsbehörden, Unterstützernetzwerk. Plädoyers im NSU-Prozess, Hamburg 2018, S. 55

135 NSU-Untersuchungsausschuss Bayern, S. 131 (Hier werden fünfzehn Adressaten aufgeführt, an die NSU-Bekenner-DVDs geschickt worden waren)

136 Ein Transskript des NSU-Bekennervideos findet sich auf der Internetseite http://www.nsu-watch.info/material/transkript-des-nsu-bekennervideos/

137 Interaktives Internetportal über Opfer rechter Gewalt seit 1990: http://www.zeit.de/gesellschaft/zeitgeschehen/todesopfer-rechter-gewalt; siehe auch Internetseite http://www.opfer-rechter-gewalt.de/ sowie Internetseite http://www.opferfonds-cura.de/, Aufruf 30. September 2013

138 Schäfer, Gerhard / Wache, Volkhard / Meiborg, Gerhard: Gutachten zum Verhalten der Thüringer Behörden und Staatsanwaltschaften bei der Verfolgung des „Zwickauer Trios" im Auftrag des Freistaates Thüringen vertreten durch: Innenministerium Thüringen, Erfurt 14. Mai 2013, S. 45 ff. sowie S. 60. Die Kurzbezeichnung im vorliegenden Begleitband lautet „Schäfer-Gutachten"

139 Schäfer-Gutachten, S. 66 ff.

140 Ebd., S. 43

141 Ebd., S. 47 sowie S. 60

142 Ebd., S. 27 ff.

143 Ebd., S. 32

144 Ebd., S. 33

145 Schäfer-Gutachten, S. 34 ff. sowie NSU-Untersuchungsausschuss des Bundestags, Drucksache 17/14600 vom 22. August 2013, S. 76 ff.

146 NSU-Untersuchungsausschuss des Bundestags, Drucksache 17/14600 vom 22. August 2013, S. 106 ff. und S. 268 sowie NSU-Untersuchungsausschuss Bayern S. 82

147 Aussage von Manfred Kellner vom Polizeipräsidium Oberfranken in der 11. Sitzung des Untersuchungsausschusses „Rechtsterrorismus in Bayern – NSU" vom 22. Januar 2013 im Bayerischen Landtag München, Sitzungsprotokoll der Verfasserin sowie Antwort des Thüringer Innenministeriums auf die Anfrage der Abgeordneten Martina Renner der Fraktion DIE LINKE im thüringischen Landtag vom 9. März 2012

148 „'Combat 18' Keine Terrorermittlungen gegen Neonazigruppe", Frankfurter Rundschau online vom 26.3.2018, Aufruf am 5. Mai 2018

149 Bei Drucklegung dieses Ausstellungskatalogs waren noch nicht alle Urteile rechtskräftig.

150 Details zu den in der Grafik dargestellten V-Personen sind folgenden Quellen zu entnehmen: Scharmer, Sebastian: „Aufklärungsanspruch nicht erfüllt – ein Schlussstrich kann nicht gezogen werden, Plädoyer vom 22. November 2017 im Münchner NSU-Prozess" in: Von der Behrens, Antonia, Kein Schlusswort. Nazi-Terror, Sicherheitsbehörden, Unterstützernetzwerk. Plädoyers im NSU-Prozess (2018), S. 81 ff.;

Daimagüler, Mehmet: Empörung reicht nicht! Unser Staat hat versagt. Jetzt sind wir dran. Mein Plädoyer im NSU-Prozess (2017), S. 120 ff.; Kulturbüro Sachsen (Hg.): Unter den Teppich gekehrt. Das Unterstützungsnetzwerk des NSU in Sachsen (2017), S. 38 ff.; Thüringer Landtag, 5. Wahlperiode, NSU- Untersuchungsausschussbericht, Drucksache 5/8080 zu Drucksache 5/5810 zu Drucksache 5/3969 zu Drucksache 5/3902 vom 16. Juli 2014, S. 505 bis 585 sowie Deutscher Bundestag, 18. Wahlperiode, NSU-Untersuchungsausschuss vom 23. Juni 2017, Drucksache 18/12950

151 Von der Behrens, Antonia, Kein Schlusswort. Nazi-Terror, Sicherheits-behörden, Unterstützernetzwerk. Plädoyers im NSU-Prozess (2018), S. 97

152 Weitere Informationen zu Michael See: Thüringer Landtag, 5. Wahlperiode, NSU- Untersuchungsausschussbericht, Drucksache 5/8080 zu Drucksache 5/5810 zu Drucksache 5/3969 zu Drucksache 5/3902 vom 16. Juli 2014, S. 1803 f.

153 Scharmer, Sebastian in: Von der Behrens, Antonia (2018), S. 84

154 Ebd., S. 90

155 Ebd., S. 91

156 Ebd., S. 95

157 NSU-Prozess München, 167. Verhandlungstag am 3. Dezember 2014 sowie 174. Verhandlungstag am 13. Januar 2015, beide Protokolle auf der Internetseite www.nsu-watch.info; weitere Informationen zu Carsten Szczepanski vgl. Deutscher Bundestag, 18. Wahlperiode, NSU-Untersuchungsausschuss vom 23. Juni 2017, Drucksache 18/12950, S. 111, 1112 und 1129 f. sowie Thüringer Landtag, 5. Wahlperiode, NSU-Untersuchungsausschussbericht, Drucksache 5/8080 zu Drucksache 5/5810 zu Drucksache 5/3969 zu Drucksache 5/3902 vom 16. Juli 2014, S. 1804 f.

158 NSU-Prozess München, 127. Verhandlungstag am 15. Juli 2014, 128. Verhandlungstag am 16. Juli 2014, 142. Verhandlungstag am 23. September 2014, 143. Verhandlungstag am 24. September 2014, 287. Verhandlungstag am 7. Juni 2016; die Protokolle der jeweiligen Verhandlungstage mit dem ehemaligen V-Mann Tino Brandt finden sich auf der Internetseite: www.nsu-watch.info

159 NSU-Prozess München, 191. Verhandlungstag am 11. März 2015, 207. Verhandlungstag am 20. Mai 2015, 292. Verhandlungstag am 29. Juni 2016, 300. Verhandlungstag am 20. Juli 2016, 309. Verhandlungstag am 14. September 2016, alle Protokolle mit den Aussagen des ehemaligen V-Mannes des Thüringer Landesamtes für Verfassungsschutz, Marcel Degner, finden sich auf der Internetseite www.nsu-watch.info. Weitere Informationen zu Marcel Degner: Thüringer Landtag, 5. Wahlperiode, NSU-Untersuchungsausschussbericht, Drucksache 5/8080 zu Drucksache 5/5810 zu Drucksache 5/3902 vom 16. Juli 2014, S. 1799 f.

160 Vgl. https://www.nsu-nebenklage.de/blog/2014/04/02/02-04-2014/, Aufruf am 4. Mai 2018; weitere Informationen zum ehemaligen V-Mann Thomas Starke vgl. Kulturbüro Sachsen e.V. (2018), S. 38 f. sowie vgl. Deutscher Bundestag, 18. Wahlperiode, Beschlussempfehlung und Bericht des 3. Untersuchungsausschusses, Drucksache 18/12950, S. 607 sowie Thüringer Landtag, 5. Wahlperiode, NSU- Untersuchungsausschussbericht, Drucksache 5/8080 zu Drucksache 5/5810 zu Drucksache 5/3969 zu Drucksache 5/3902 vom 16.07.2014, S. 1207 ff., 1238, 1249 f., 1439, 1471, 1496, 1502, 1516 f., 1519, 1531, 1534, 1542, 1543 ff., 1548

161 NSU-Prozess München, 158. Verhandlungstag am 12. November 2014 sowie 161. Verhandlungstag am 19. November 2014, die Protokolle mit den Aussagen von Kai Dalek finden sich auf der Internetseite www.nsu-watch.info; vgl. auch Von der Behrens, Antonia (2018), S. 88 und S. 93

162 Schäfer-Gutachten, S. 38

163 Weitere Informationen zu Tino Brandt: Thüringer Landtag, 5. Wahlperiode, NSU-Untersuchungsausschussbericht, Drucksache 5/8080 zu Drucksache 5/5810 zu Drucksache 5/3969 zu Drucksache 5/3902 vom 16.07.2014, S. 512 bis 561 und S. 1795 ff.

164 Weitere Informationen zu Kai Dalek: Thüringer Landtag, 5. Wahlperiode, NSU- Untersuchungsausschussbericht, Drucksache 5/8080 zu Drucksache 5/5810 zu Drucksache 5/3969 zu Drucksache 5/3902 vom 16.07.2014, S. 1797 ff.

165 NSU-Untersuchungsausschuss des Bundestags, Drucksache 17/14600 vom 22. August 2013, S. 75 und S. 149

166 Einem Interview mit Tino Brandt in der NPD-Parteizeitung „Deutsche Stimme" im Juni 2001 zufolge floss das Geld für seine V-Mann-Tätigkeit in den Aufbau der rechten Szene. Vgl. auch NSU-Untersuchungsausschuss des Bundestags, S. 262 und Schäfer-Gutachten, S. 182

167 Mägerle, Anton: V-Mann-Porträt Tino Brandt, in: https://www.nsu-watch.info/2015/02/v-mann-portraet-tino-brandt/, Aufruf am 12. April 2018

168 Ebd.

169 Scharmer, Sebastian in: Von der Behrens, Antonia (2018), S. 82

170 „Neonazi Brandt wegen sexuellen Missbrauchs verurteilt" in: Zeit online vom 18.12.2014, Aufruf 12.4.2018; vgl. https://www.stuttgarter-zeitung.de/inhalt.tino-brandt-frueheres-npd-mitglied-wegen-betrugs-zu-haftstrafe-verurteilt.1b220a66-a309-4d3b-903b-d5542c35b87c.html, Aufruf 27. Februar 2021. Vgl. "Neonazi Tino Brandt droht neuer Prozess - Anklage erhoben", Thüringer Allgemeine, 1. März 2017

171 Kulturbüro Sachsen e.V. (Hg.) Unter den Teppich gekehrt. Das Unterstützungsnetzwerk des NSU in Sachsen (2017), S. 33 ff.

172 NSU-Untersuchungsausschuss des Bundestags, Drucksache 17/14600 vom 22. August 2013, S. 906

173 NSU-Untersuchungsausschuss des Bundestags, Drucksache 17/14600 vom 22. August 2013, S. 313 f. (hier findet sich eine Auflistung der Mieter in den insgesamt sieben konspirativen Wohnungen)

174 NDR-Dokumentation „Blutspur durch Deutschland: Die NSU-Morde", ausgestrahlt am 8. April 2013

175 NSU-Untersuchungsausschuss des Bundestags, Drucksache 17/14600 vom 22. August 2013, S. 10 f., S. 931 sowie Schäfer-Gutachten, S. 154

176 ARD-Dokumentation „Acht Türken, ein Grieche und eine Polizistin", ausgestrahlt am 16. April 2013

177 NDR-Dokumentation „Blutspur durch Deutschland: Die NSU-Morde", ausgestrahlt am 8. April 2013

178 Ebd.

179 Röpke, Andrea / Speit, Andreas (2013), S. 245

180 NSU-Untersuchungsausschuss des Bundestags, Dalek Drucksache 17/14600 vom 22. August 2013, S. 328 sowie Schäfer-Gutachten, S. 72

181 NSU-Untersuchungsausschuss Bayern, S. 52 f. sowie NSU-Untersuchungsausschuss des Bundestags, Drucksache 17/14600 vom 22. August 2013, S. 328

182 Kai D. war Antifaschistinnen und Antifaschisten bereits Anfang der 1990er Jahre ein Begriff. Er betrieb vom oberfränkischen Kronach aus einen so genannten Netzknoten des „Thule-Netzes". Über dieses Computernetzwerk waren persönliche Informationen über Nazi-Gegnerinnen und -gegner verbreitet und diese bedroht worden. Es besteht der Verdacht, dass dieses neonazistische Computernetzwerk auch mit Hilfe staatlicher Gelder aufgebaut worden ist und der V-Mann eine führende Rolle bei der Bespitzelung von Linken für die Neonazis („Anti-Antifa") und gleichzeitig für den Staat spielte. Zudem war er offensichtlich führender Funktionär verschiedener neonazistischer Gruppen wie der „Gesinnungsgemeinschaft der Neuen Front" (GdNF) und spielte zeitweise eine maßgebliche Rolle bei der Organisation der Rudolf-Heß-Demonstrationen. (Vgl. Antwort der Bundesregierung auf die Kleine Anfrage der Abgeordneten Ulla Jelpke und der Gruppe der PDS/Linke Liste, Drucksache 12/5598, 21. September 1993 sowie NSU-Untersuchungsausschuss Bayern)

183 NSU-Untersuchungsausschuss des Bundestags, Drucksache 17/14600 vom 22. August 2013, S. 1043

184 Der Blumenstand in Nürnberg befand sich auf dem Territorium des ehemaligen Reichsparteitagsgeländes der NSDAP in Nürnberg zwischen dem ehemaligen SS-Lager, dem SA-Lager und dem Lager des Reichsarbeitsdienstes (RAD). Vgl. historische Stadtpläne in der in den 1990er Jahren gezeigten Dauerausstellung „Faszination & Gewalt – Nürnberg und der Nationalsozialismus" in der Zeppelintribüne Nürnberg, Fotos im Archiv der Verfasserin

185 Kopie der Ankündigung auf der Internetseite des damaligen „Bündnis Rechts" vom 25. August 2000, Archiv der Verfasserin

186 NSU-Untersuchungsausschuss Bayern, S. 85

187 „Die mysteriösen Verstrickungen der ‚Kameraden' in der Region", nordbayern. de online vom 20. April 2018, Aufruf am 8. Mai 2018

188 Redemanuskript des Plädoyers von Nebenklageanwältin Seda Başay-Yildiz, gehalten am 9. und 10. Januar 2018 im NSU-Prozess München, Archiv der Verfasserin

189 „Rätsel NSU: Mehr Nazi-Attacken auf Turgut. Bereits 1998 gab es Anschläge in Rostock. Die Linke fordert eine Untersuchung. Das Bundesjustizministerium leistet sich eine peinliche Panne", Ostsee-Zeitung online vom 13. Januar 2018, Aufruf am 8. Mai 2018

190 Deutscher Bundestag, 18. Wahlperiode, Unterrichtung durch das Parlamentarische Kontrollgremium. Bericht gemäß § 7 Absatz 2 des Gesetzes über die parlamentarische Kontrolle nachrichtendienstlicher Tätigkeit des Bundes zu den Untersuchungen des Sachverständigen Rechtsanwalt Jerzy Montag zum V-Mann Corelli vom 4.11.2015, Drucksache 18/6545, S. 12 sowie Deutscher Bundestag, 18. Wahlperiode, NSU-Untersuchungsausschuss vom 23. Juni 2017, Drucksache 18/12950, S. 503 f.; Von der Behrens, Antonia (2018), S. 282 f.

191 Aussage von Wolfgang Geier (Polizeipräsidium Unterfranken) in der 15. Sitzung des Untersuchungsausschusses „Rechtsterrorismus in Bayern – NSU" vom 20. Februar 2013 sowie Aussage von Manfred Hänsler (Polizeipräsidium Mittelfranken) in der 13. Sitzung des Untersuchungsausschusses „Rechtsterrorismus in Bayern – NSU" vom 5. Februar 2013 im Bayerischen Landtag München, Sitzungsprotokolle der Verfasserin sowie NSU-Untersuchungsausschuss Bayern S. 119

192 Aussage von Konrad Pitz von der Kriminalpolizei Rosenheim bei der 28. Sitzung des Untersuchungsausschusses „Rechtsterrorismus in Bayern – NSU" am 18. Juni 2013, Protokoll im Archiv der Verfasserin

193 „Wusste der Verfassungsschutz über den NSU Bescheid?", Nürnberger Nachrichten vom 20. April 2018

194 Bei den „Turner Diaries" („Turner-Tagebücher") handelt es sich um einen düsteren Zukunftsroman, den der Amerikaner William L. Pierce unter dem Pseudonym Andrew Macdonald 1978 verfasste. Das Werk diente sowohl Timothy McVeigh, der 1995 in Oklahoma City einen Anschlag verübte, bei dem 168 Menschen starben, als Vorbild, als auch David Copeland, der 1999 in London drei Bombenanschläge verübte, bei denen innerhalb von zwei Wochen drei Menschen starben und über hundert verletzt wurden. Vgl. Sanders, Eike / Stützel, Kevin / Tymanova, Klara: „Taten und Worte – Neonazistische ‚Blaupausen' des NSU", 12. Oktober 2014, Internetseite: https://www.nsu-watch.info/2014/10/taten-und-worte-neonazistische-blaupausen-des-nsu/, Aufruf am 23. Mai 2018

195 Landtag von Nordrhein-Westfalen, 16. Wahlperiode, Schlussbericht des Parlamentarischen Untersuchungsausschusses III zu dem Auftrag des Landtags Nordrhein-Westfalen vom 4. November 2014, Drucksache 16/7148 – Neudruck vom 27.3.2017, Drucksache16/14400; S. 350, S. 360 f. https://www.landtag.nrw.de/portal/www/dokumentenarchiv/Dokument/MMD16- 14400.pdf, Aufruf am 7. Mai 2018 sowie „Der Anschlag in der Keupstraße und die Folgen" vom 30.1.2016, https://nrw.nsu-watch.info/der-anschlag-in-der-keupstrasse-und-die-folgen/, Aufruf am 20. Februar 2021

196 NSU-Untersuchungsausschuss Bayern, S. 128 und S. 142, NSU-Untersuchungsausschuss des Bundestags, Drucksache 17/14600 vom 22. August 2013, S. 497 sowie Aussage des Zeugen Keller von der Kriminalpolizei Erlangen bei der 13. Sitzung des Untersuchungsausschusses „Rechtsterrorismus in Bayern – NSU" am 5. Februar 2013 in München, Sitzungsprotokoll der Verfasserin

197 NSU-Untersuchungsausschuss des Bundestags, Drucksache 17/14600 vom 22. August 2013, S. 879

198 Süddeutsche Zeitung vom 6. September 2013. Internetseite: http://www.sueddeutsche.de/politik/nsu-prozess-eine-vorbildliche-zeugin-der-niemand-zuhoerte-1.1764219, Aufruf am 11. Oktober 2013

199 www.nsu-watch.info, Protokoll 176. Verhandlungtag – 21. Januar 2015, Aufruf am 8. Mai 2018

200 https://m.mainpost.de/ueberregional/bayern/Drogenmilieu-Explosionen;art16683,8536475, Aufruf am 26. April 2018

201 Weitere Informationen zur Kriminalisierung der Keupstraßenbewohnerinnen und – bewohner und deren Aufarbeitung: Dostluk Sineması (Hg.): Von Mauerfall bis Nagelbombe. Der NSU-Anschlag auf die Kölner Keupstraße im Kontext der Pogrome und Anschläge der neunziger Jahre (2014); Film: Der Kuaför aus der Keupstraße, (2016); Theaterstück: Die Lücke, Schauspiel Köln (2014)

202 https://brandenburg.nsu-watch.info/filmvorfuehrung-mit-podiumsdiskussion-der-kuafer-aus-der-keupstrasse/, Aufruf am 26. April 2018

203 NSU-Untersuchungsausschuss des Bundestags, Drucksache 17/14600 vom 22. August 2013, S. 67, S. 880 sowie S. 991

204 Sinti und Roma waren während des Nationalsozialismus verfolgt und ermordet worden und auch in der Nachkriegszeit insbesondere in Westdeutschland jahrzehntelang institutionellem Rassismus ausgesetzt. Vgl. Mair, Birgit (2019): Die letzten Zeugen – Meine Arbeit mit Holocaust-Überlebenden an Schulen, Nürnberg, Institut für sozialwissenschaftliche Forschung, Bildung und Beratung (ISFBB) e.V., S. 58 ff. sowie https://www.sueddeutsche.de/wissen/sinti-roma-genetik-verdacht-1.5114089, Aufruf 14. Dezember 2020

205 https://www.tagesspiegel.de/politik/ermittlungen-zum-nsu-mord-zentralrat-deutscher-sinti-und-roma-fordert-entschuldigung-wegen-diskriminierender-aussagen/9775448.html, Aufruf 17. Dezember 2020

206 NSU-Untersuchungsausschuss des Bundestags, Drucksache 17/14600 vom 22. August 2013, S. 67, S. 643, S. 880, S. 928, S. 991, S. 1039

207 NSU-Untersuchungsausschuss des Bundestags, Drucksache 17/14600 vom 22. August 2013, S. 878

208 https://www.dw.com/de/das-nsu-opfer-das-erst-t%C3%A4ter-sein-sollte/a-49527131, Aufruf 4. Januar 2021

209 https://www.weser-kurier.de/deutschland-welt_artikel,-Analyse-Schwierige-Mission-fuer-Gauck-_arid,503705.html, Aufruf 3. Januar 2021

210 https://buehne-fuer-menschenrechte.de/nsu-monologe/

211 https://www.salzgeber.de/spuren

212 https://veronikadimke.de/opfer-des-nsu/

213 https://www.nsu-tribunal.de/

214 https://www.muenchen.de/rathaus/Stadtverwaltung/Sozialreferat/Wohnungsamt/Interkult/mosaik_jugendpreis.html sowie https://www.nuernberg.de/internet/menschenrechte/mosaik_jugendpreis.html sowie Telefonat der Verfasserin mit Abdulkerim Şimşek am 5. Januar 2021

215 https://kassel.de/buerger/rathaus_und_politik/rund-ums-rathaus/ehrungen-und-preise/preise-der-stadt/ausschreibung-kasseler-demokratie-impuls.php, Aufruf 15. Januar 2021

216 Fotos und Videos im Archiv der Verfasserin

217 John, Barbara (2014), S.137

218 Bademsoy, Aysun (2019), Dokumentarfilm „Spuren– Die Opfer des NSU", Edition Salzgeber

219 ARD-Dokumentation (2013): Staatsversagen – Der NSU-Ausschuss und die schwierige Aufarbeitung

220 Nachricht des Bruders des Ermordeten an die Verfasserin vom 14. Dezember 2020

221 John, Barbara (2014), S.121

222 Ebd.

223 Ebd., S. 94

224 Telefongespräch der Verfasserin mit Gavriil Voulgaridis, dem Bruder von Theodoros Boulgarides am 18. Januar 2021

225 https://mahnmal-keupstrasse.de/, Aufruf 4. Januar 2021

226 Videos im Archiv der Verfasserin

227 Telefonat der Verfasserin mit Aysun Bademsoy am 25.11.2020 sowie Gespräche der Verfasserin mit dem Blumenverkäufer am ehemaligen Tatort Liegnitzer Straße in Nürnberg

228 https://www.zeit.de/politik/deutschland/2019-10/zwickau-gedenkbaum-enver-simsek-nsu-mordopfer, Aufruf 15. Dezember 2020

229 Jena benennt Platz nach NSU-Opfer Enver Simsek, nordbayern.de vom 19. September 2020, Internet: https://www.nordbayern.de/politik/jena-benennt-platz-nach-nsu-opfer-enver-simsek-1.10446628, Aufruf 7. Dezember 2020

230 Video „Virtuelles Strassenfest 2020 ‚Gegen Rassismus und Diskriminierung - Für ein besseres Zusammenleben'", https://www.youtube.com/watch?v=e9OXSpSMtt4&feature=youtu.be, Aufruf 15. Dezember 2020

231 Der Preis erinnert an fünf Familienmitglieder der Solinger Familie Genç, die 1993 bei einem neonazistischen Brandanschlag ums Leben kamen. Unter den Mordopfern waren drei Kinder. Vgl. https://www.sueddeutsche.de/politik/genc-preis-in-berlin-geehrtes-nsu-opfer-ruehrt-gaeste-zu-traenen-1.1705856, Aufruf 15. Dezember 2020

232 Brief der Schwester des Ermordeten an die Verfasserin vom 23. Februar 2016, Brief im Archiv der Verfasserin. Der Brief wurde auf Wunsch der Schwester bei einer Veranstaltung im Rahmen der Ausstellungspräsentation „Die Opfer des NSU und die Aufarbeitung der Verbrechen" im März 2016 im Hamburger Rathaus von Birgit Mair verlesen. Weitere Quelle: Nachricht des Bruders des Ermordeten an die Verfasserin am 15. Dezember 2020

233 https://www.ostsee-zeitung.de/Nachrichten/MV-aktuell/vor-15-Jahren-ermordet-Gedenken-an-NSU-Opfer-Mehmet-Turgut-in-Rostock, Aufruf 15. Dezember 2020

234 Gespräche der Verfasserin mit dem Blumenverkäufer

235 O-Ton-Mitschnitt im Archiv der Verfasserin sowie Nordbayerische Bündnisse gegen Rechts (2014): „‚Wichtig ist es, dass man nicht aufhört zu fragen'. Fünf NSU-Morde in Bayern – und alles bleibt wie es ist?". Hrsg. VVN-BdA Bamberg, S. 11

236 Fotos im Archiv der Verfasserin

237 https://www.sueddeutsche.de/politik/extremismus-dortmund-stadt-benennt-platz-zum-gedenken-an-nsu-opfer-kubasik-dpa.urn-newsml-dpa-com-20090101-191108-99-649246, Aufruf 15. Dezember 2020

238 https://pad.ma/CTC/editor/00:00:00,00:05:43.321#embed, Aufruf 3. Januar 2021

239 NSU-Watch (2020): Aufklären und einmischen. Der NSU-Komplex und der Münchener Prozess. Berlin, Verbrecher-Verlag, S. 44 f. sowie 159 f.

240 John, Barbara (2014), S. 151

241 https://www.stimme.de/heilbronn/polizistenmord/archiv/Polizistenmord-Heilbronn-Gedenkfeier-fuer-getoete-Michele-Kiesewetter;art133317,1516019, Aufruf 15. Dezember 2020 sowie https://www.spiegel.de/panorama/gesellschaft/michele-kiesewetter-gedenkfeier-fuer-nsu-opfer-in-heilbronn-a-1144818.html, Aufruf 15. Dezember 2020

242 Aussage von Werner Störzer vom Polizeipräsidium Mittelfranken in der 13. Sitzung des Untersuchungsausschusses „Rechtsterrorismus in Bayern – NSU" am 5. Februar 2013 im Bayerischen Landtag München, Sitzungsprotokoll der Verfasserin

243 Aussage von Josef Wilfling vom Polizeipräsidium München in der 14. Sitzung des Untersuchungsausschusses „Rechtsterrorismus in Bayern – NSU" am 19. Februar 2013 im Bayerischen Landtag München, Sitzungsprotokoll der Verfasserin sowie NSU-Untersuchungsausschuss Bayern S. 94

244 Aussage von Josef Wilfling vom Polizeipräsidium München in der 14. Sitzung des Untersuchungsausschusses „Rechtsterrorismus in Bayern – NSU" am 19. Februar 2013 im Bayerischen Landtag München, Sitzungsprotokoll der Verfasserin.
Bei Menschen verbietet sich der Begriff „Mischling", da es „Menschenrassen" im biologischen Sinn nicht gibt. Rassistinnen und Rassisten benutzten und benutzen den Begriff „Mischling", um ihre Verachtung gegenüber Menschen auszudrücken, deren Vorfahren verschiedene Hautfarben haben. Im deutschen Nationalsozialismus floss der rassistische Begriff in die „Nürnberger Rassengesetze" mit ein. Wer ein oder zwei jüdische Großeltern hatte, oder mit einem so genannten „Volljuden" verheiratet war, wurde von den Nationalsozialisten als „Mischling" bezeichnet und galt als Bürger minderen Rechts.

245 *Aussage von Werner Störzer vom Polizeipräsidium Mittelfranken in der 13. Sitzung des Untersuchungsausschusses „Rechtsterrorismus in Bayern – NSU" am 5. Februar 2013 im Bayerischen Landtag München, Sitzungsprotokoll der Verfasserin*

246 *Şimşek, Semiya/Schwarz, Peter (2013), S. 131 ff. und S. 151 ff.*

247 *Beispielsweise existierte die Firmeninschrift auf dem Lieferwagen von Enver Şimşek, in dem er und zwei weitere Personen angeblich Drogen geschmuggelt hätten, zum Zeitpunkt der angeblichen Drogenkurierfahrt noch gar nicht. Dies hatte der „Kronzeuge" aber behauptet.*

248 *http://www.hummel-kaleck.org/ mitteilung37.html, Aufruf am 4. Oktober 2013; Daimagüler, Mehmet: Empörung reicht nicht! Unser Staat hat versagt. Jetzt sind wir dran. Mein Plädoyer im NSU-Prozess (2017), S. 177 ff.; Kuhn, Stephan: Der Anschlag auf die Keupstraße und die Ermittlungen gegen die Betroffenen (Bombe nach der Bombe), Plädoyer vom 28. November 2018, in: Von der Behrens, Antonia, Kein Schlusswort. Nazi-Terror, Sicherheitsbehörden, Unterstützernetzwerk. Plädoyers im NSU-Prozess (2018), S. 73 f.*

249 *Mecklenburg, Jens (1996), S. 307*

250 *Bericht der Türkischen Gemeinde in Deutschland zum NSU und die daraus folgenden Konsequenzen, S. 64*

251 *Während die Hauptangeklagte Beate Zschäpe und der ehemalige NPD-Funktionär Ralf Wohlleben während des Prozesses in Untersuchungshaft saßen, wurde André E. erst nach mehr als vier Prozessjahren inhaftiert. Holger G. und Carsten S. blieben während der Verhandlung auf freiem Fuß. Fünfundneunzig Betroffene des NSU-Terrors traten in dem Verfahren als Nebenklägerinnen und Nebenkläger auf. Sie wurden von rund sechzig Anwältinnen und Anwälten vertreten. Vgl. https://*

www.nsu-nebenklage.de/ uber-diesen-blog/, Aufruf 11. Mai 2018 sowie Daimagüler (2017), S. 12

252 *https://www.nsu-watch. info/2018/07/der-nsu-prozess-in-zahlen/, Aufruf 7. Januar 2021*

253 *NSU-Watch (2020), S. 115 f. und S. 139 ff.*

254 *https://www.justiz.bayern. de/gerichte-und-behoerden/ oberlandesgerichte/muenchen/ presse/2018/80.php sowie https://www. justiz.bayern.de/gerichte-und-behoerden/ oberlandesgerichte/muenchen/ presse/2018/78.php, Aufruf 6. Januar 2021*

255 *https://www.justiz.bayern. de/gerichte-und-behoerden/ oberlandesgerichte/muenchen/ presse/2018/78.php, Aufruf 6. Januar 2021*

256 *Ebd.*

257 *NSU-Watch (2020) S. 96*

258 *https://www.justiz.bayern. de/gerichte-und-behoerden/ oberlandesgerichte/muenchen/ presse/2018/78.php sowie https:// www.zeit.de/gesellschaft/2020-09/ nationalsozialistischer-untergrund-carsten-s-frei-waffen-nsu-bewaehrung?utm_ referrer=https%3A%2F%2Fwww.bing. com%2F, Aufruf 6. Januar 2021 sowie Eick, Volker / Arnold, Jörg (2019), S. 105*

259 *NSU-Watch (2020) S. 56*

260 *Ebd. S. 78*

261 *Ebd. S. 116*

262 *Plädoyer der Mutter von Halit Yozgat am 6. Dezember 2017 im Münchner NSU-Prozess, vgl. https://www.nsu-nebenklage.de/blog/2017/12/08/06-12-2017/ sowie „NSU-Prozess in München Yozgats Eltern beschuldigen Ministerpräsident Bouffier", hessenschau. de vom 6. Dezember 2017, Aufruf am 23. Mai 2018*

263 *„NSU-Prozess: ‚Ich habe Ihnen mehrmals gesagt, der Agent hat meinen Sohn ermordet'", Süddeutsche Zeitung online vom 6. Dezember 2017, Aufruf am 4. Mai 2018; vgl. auch https://www. nsu-nebenklage.de/blog/2017/12/08/06-12-2017/, Aufruf am 4. Mai 2018*

264 *Plädoyer der Witwe von Theodoros Boulgarides am 8. Februar 2018 im Münchner NSU- Prozess, Archiv der Verfasserin*

265 *Ebd.*

266 *Plädoyer von Abdulkerim Şimşek am 10. Januar 2018 im Münchner NSU-Prozess, Archiv der Verfasserin*

267 *Ebd.*

268 *Ayazgün, Muhammet „Abschreckend wirkt nicht nur die Strafverfolgung, sondern auch die Aufklärung", in: von der Behrens, Antonia (2018), S. 182*

269 *Plädoyer von Gamze Kubaşık am 22. November 2017 im Münchner NSU-Prozess; vgl. Kubaşık, Gamze: „Sie haben das Versprechen gebrochen!", in: Von der Behrens, Antonia (2018), S. 103 f.*

270 *Von der Behrens, Antonia (2018), S. 25 f.*

271 *Scharmer, Sebastian, in: Von der Behrens, Antonia (2018), S. 72*

272 *Vortrag von Sebastian Scharmer, Nebenklageanwalt von Gamze Kubaşık, am 15. März 2018 bei der Veranstaltung „Das darf nicht das Ende sein! Konsequenzen aus dem NSU-Prozess" im Gewerkschaftshaus Nürnberg, Mitschnitt im Archiv der Verfasserin*

273 *Plädoyer von Elif Kubaşık am 21. November 2017 im Münchner NSU-Prozess; vgl. Kubaşık, Elif: „Wir sind ein Teil dieses Landes, und wir werden hier weiterleben", in: Von der Behrens, Antonia (2018), S. 25 f.*

274 *Der vollständige Wortlaut der Äußerung des damaligen Bundesinnenministers Otto Schily lautet: „Die Erkenntnisse, die*

unsere Sicherheitsbehörden bisher gewonnen haben, deuten nicht auf einen terroristischen Hintergrund, sondern auf ein kriminelles Milieu, aber die Ermittlungen sind noch nicht abgeschlossen, so dass ich eine abschließende Beurteilung dieser Ereignisse jetzt nicht vornehmen kann." Vgl. S., Arif: "Solange die wahren Täter nicht gefasst worden sind, werden meine Ängste weiterbestehen, Plädoyer vom 28. November 2017, in: Von der Behrens, Antonia (2018), S. 161 f.

275 Vgl. S., Arif, in: Von der Behrens, Antonia (2018), S. 161 f.

276 "Ein unerkannter Mittäter des NSU muss die Sprengfalle deponiert haben", Süddeutsche Zeitung vom 15. November 2017, Internetseite: http://www.sueddeutsche.de/politik/nsu-prozess-ein-unerkannter-mittaeter-des-nsu-muss-die-sprengfalle-deponiert-haben-1.3750583, Aufruf am 23. Mai 2018

277 Plädoyer von Edith Lunnebach im Münchner NSU-Prozess am 15. November 2017, Archiv der Verfasserin; vgl. auch https://www.br.de/nachrichten/nsu-prozess/nsu-prozess-387-verhandlungstag-100.html sowie https://www.nsu-watch.info/2017/11/zusammenfassung-387-verhandlungstag-15-november-2017/, Aufruf am 17. Mai 2018

278 Interview von Birgit Mair mit dem Bruder von Süleyman Taşköprü am 17. April 2018 während der Ausstellungseröffnung "Die Opfer des NSU und die Aufarbeitung der Verbrechen" in der Volkshochschule Wuppertal, Mitschnitt im Archiv der Verfasserin

279 Ebd.

280 Ebd.

281 Telefonat der Verfasserin mit der vier Jahre jüngeren Schwester von Süleyman Taşköprü am 12. Januar 2021 sowie E-Mails der Schwester an die Verfasserin am 13. und 17. Januar 2021

282 Selbst im Jahr 2013 fand man unter dem Begriff "Döner-Morde" noch zahlreiche Publikationen im Internet: Zum Beispiel die Überschrift in einem Internetartikel der Süddeutschen Zeitung vom 17. März 2010: "Mysteriöse Dönermorde" auf http://www.sueddeutsche.de/panorama/mysterioese-doener-morde-die-spur-fuehrt-zur-wettmafia-1.142502, Aufruf am 10.Oktober 2013. Weiteres Beispiel: Ein Zitat aus dem Internetartikel "Döner-Morde: Neun Tote, eine Waffe, kein Täter" vom 8. September 2010 in der Augsburger Allgemeinen: "Neun Tote, eine Waffe, keine Zeugen: Seit zehn Jahren jagt die Polizei in Nürnberg den sogenannten `Döner-Killer´". http://www.augsburger-allgemeine.de/bayern/Doener-Morde-Neun-Tote-eine-Waffe-kein-Taeter-id8440106.html, Aufruf am 10.Oktober 2013

283 Abdulkerim Şimşek im Rahmen der Ausstellungseröffnung "Die Opfer des NSU und die Aufarbeitung der Verbrechen" am 21. September 2017 im Aktiven Museum Spiegelgasse Wiesbaden, Mitschnitt im Archiv der Verfasserin

284 Ebd.

285 NDR-Dokumentation "Blutspur durch Deutschland: Die NSU-Morde", ausgestrahlt am 8. April 2013

286 Videointerview mit Gavriil Voulgaridis im Rahmen des Tribunals "NSU-Komplex auflösen" (2017), Internetseite: https://www.youtube.com/watch?v=4agjO2ayZLY, Aufruf am 19. Mai 2018

287 Rede von Gamze Kubaşık anlässlich der Gedenkfeier am 4. April 2013 für ihren Vater in Dortmund http://www.youtube.com/watch?v=zMmkUT2q3VQ aufgerufen am 10. Oktober 2013

288 Videointerview mit Ayfer Şentürk Demir im Rahmen des Tribunals "NSU-Komplex auflösen" (2017), Internetseite: https://www.youtube.com/watch?v=vqxBgkXNY, Aufruf am 19. Mai 2018

289 Şimşek, Semiya / Schwarz, Peter (2013), S. 212 ff.

290 Deutscher Bundestag, Drucksachen 18/9541 (5. September 2016), 19/3736 (8. August 2018) und 19/12375 (14. August 2019), Aufruf 9. Januar 2021

291 Oliver Günther, Die Bedrohung geht weiter, 3. Dezember 2020, https://www.hr-inforadio.de/programm/themen/nsu-20---die-bedrohung-geht-weiter,nsu-162.html, Aufruf 1. Januar 2021, Sechs weitere rechtsextreme Drohschreiben verschickt, 17. September 2020, https://www.zeit.de/gesellschaft/zeitgeschehen/2020-09/nsu-2-0-drohschreiben-politiker-prominente-rechtsextremismus?utm_referrer=https%3A%2F%2Fde.wikipedia.org%2F, Aufruf 1. Januar 2021

292 Quelle für die obigen Beispiele: Artikel "Terror und Drohungen von Neonazis in Nordbayern nach der Aufdeckung der NSU-Verbrechen" aus der Broschüre "Wichtig ist es, dass man nicht aufhört zu fragen – Fünf NSU-Morde in Bayern, und alles bleibt wie es ist?" (Hrsg. VVN-BdA Bamberg, 2014, S. 42 ff.)

293 Quelle für die Beschädigungen der Gedenkorte: Homepage des Nürnberger Bündnis Nazistopp, www.nazistopp-nuernberg.de

294 In dem Buch "kein vergessen – Todesopfer rechter Gewalt in Deutschland nach 1945" werden die Lebensgeschichten von mehr als dreihundert Menschen skizziert, die im Zeitraum von 1970 bis 2020 durch rechte Gewalt ihr Leben verloren haben. Vgl. Billstein, Thomas (2020), S. 30 bis 319

295 Knapp fünfzig Todesopfer durch rechte Gewalt im Westdeutschland der Vor-Wendezeit werden in Thomas Billsteins Buch "kein vergessen – Todesopfer rechter Gewalt in Deutschland nach 1945" aufgeführt. In dem Buch werden auch drei Mordopfer rechter Gewalt in der DDR aufgeführt: In

Staßfurt (Sachsen-Anhalt) schlugen rechte Jugendliche in der Nacht vom 19. auf 20. September 1987 den mosambikanischen Lehrling Carlos Conceicao zusammen und warfen ihn in einen Fluss, wo er schließlich ertrank. Vgl. Billstein, Thomas (2020) S., 56 sowie Waibel, Harry (2012), S. 124 f. Die beiden Kubaner Delfin Guerra und Raúl Garcia Paret wurden am 12. August 1979 Opfer eines Lynchmords in Merseburg (Sachsen-Anhalt). Vgl. Billstein, Thomas (2020), S. 32.

296 Insgesamt gab es beim Oktoberfest-Attentat 13 Tote. Einer davon war Gundolf Köhler, einer der extrem rechten Täter. Dass dieser als Einzeltäter gehandelt haben soll, wird von vielen ExpertInnen bezweifelt. Vgl. Chaussy, Ulrich (2020), S. 9

297 1982 ermordete ein NPD-Anhänger in einer Disco in der Nürnberger Königstraße die US-Amerikaner William Schenck und Rufus Surles und verletzte weitere Migranten. Bevor der Täter Selbstmord beging, erschoss er auf offener Straße den 21jährigen Ägypter Mohamed Ehap, der sich wegen einer Schulung in Nürnberg aufhielt. Jahrzehntelang erinnerte nichts an das nach dem Täter benannte „Oxner-Attentat". Vgl. Billstein (2020), S. 45 sowie https://opfer-rechter-gewalt.de/todesopfer/, Aufruf 4. Januar 2021

298 Die Garderobendame Corinna Tatarotti starb Ende April 1984 an den schweren Verletzungen infolge des rechtsterroristischen Brandanschlags der „Gruppe Ludwig" in der Münchener Diskothek Liverpool. Vgl. Billstein (2020), S. 47

299 Bei dem neonazistischen Brandanschlag in Schwandorf 1988 verloren mit Osman, Fatma und Mehmet Can drei Mitglieder einer türkischen Familie ihr Leben. Mehmet Can war erst zwölf Jahre alt. Auch der Deutsche Jürgen Hübener kam bei dem Anschlag ums Leben. Der 47-Jährige hatte sich bei der kommunistischen Partei DKP engagiert.

https://www.mittelbayerische.de/region/schwandorf-nachrichten/brandanschlag-jaehrt-sich-zum-30-mal-21416-art1729815.html, Aufruf 21. Januar 2021 sowie Billstein, Thomas (2020), S. 57

300 Staud Toralf / Jansen, Frank / Kleffner, Heike / Radke Johannes: Rechte Gewalt: Gefährliche Ignoranz. Seit 1990 wurden mindestens 187 Menschen von rechten Tätern getötet. Die Behörden führen aber nur 109 Fälle und reagieren zögerlich. Wie kann das sein? Veröffentlicht am 30. September 2020, Internetseite: https://www.zeit.de/gesellschaft/zeitgeschehen/2020-09/rechte-gewalt-todesopfer-bundeskriminalamt-wiedervereinigung, Aufruf 1.1.2021

301 Billstein, Thomas (2020), S. 287 ff.

302 Medieninformation 31/12 des Bayerischen Landeskriminalamtes, Internetseite: https://www.stmi.bayern.de/med/pressemitteilungen/pressearchiv/anlagen/9693/Anlage_OEZ_PM_191025_Einstufung_Mehrfachtoetung.pdf, Aufruf 9. Januar 2021

303 Er schrieb unter anderem: „Ich ficke euch, ihr verdammten Deutsch-Türken. (...) Diese Glock wird euer Leben auch zerstören, nämlich mit Kopfschuss. (...) Ihr habt hier in Deutschland nichts zu suchen, die AfD wird euch alle ausschalten". Vgl. https://www.idz-jena.de/fileadmin/user_upload/Gutachten_OEZ_M%C3%BCnchen_MQuent.pdf, S. 33 f., Aufruf 9. Januar 2021

304 https://www.before-muenchen.de/wp-content/uploads/2018/07/20.07.2018-Pressemitteilung-BEFORE-OEZ-Attentat.pdf, Aufruf 2. Januar 2021; https://www.muenchen.de/rathaus/Stadtpolitik/Fachstelle-fuer-Demokratie/Kampagnen/Expertengespr-ch--Hintergr-nde-und-Folgen-des-OEZ-Attentats-.html, Aufruf 4. Januar 2021; https://www.idz-jena.de/fileadmin/user_upload/Gutachten_

OEZ_M%C3%BCnchen_MQuent.pdf, S. 33 f., Aufruf 9. Januar 2021

305 Die im Original verwendete, orthografisch falsche Schreibweise „Politisch Motivierte Gewaltkriminalität" wurde von uns im Text korrigiert. Medieninformation 31/12 des Bayerischen Landeskriminalamtes, Internetseite: https://www.stmi.bayern.de/med/pressemitteilungen/pressearchiv/anlagen/9693/Anlage_OEZ_PM_191025_Einstufung_Mehrfachtoetung.pdf, Aufruf 9. Januar 2021

306 Chaussy, Ulrich (2020), S. 9

307 E-Mail des Anwalts von Angehörigen von Walter Lübcke an die Verfasserin vom 18. Februar 2021

308 Video der Veranstaltung in Lohfelden 14. Oktober.2015 im Archiv der Verfasserin sowie https://www.hna.de/lokales/kreis-kassel/fluechtlingsdebatte-lohfelden-luebcke-liess-sich-provozieren-5655557.html sowie https://www.hna.de/lokales/kreis-kassel/lohfelden-ort53240/nach-umstrittenen-aussagen-regierungspraesident-luebcke-aeussert-sich-5652974.html, Aufruf 9. Januar 2021

309 Ebd.

310 Das Urteil war zum Zeitpunkt der Erstellung dieses Textes nicht rechtskräftig. Die Familie des Ermordeten legte Revision gegen das Urteil ein. Vgl. Internetseite: https://www.welt.de/regionales/hessen/article225612525/Familie-von-Walter-Luebcke-legt-Revision-gegen-OLG-Urteil-ein.html, Aufruf 7. Februar 2021

311 https://verband-brg.de/gerechtigkeit-und-aufklaerung-nach-dem-rassistischen-mordversuch-an-ahmed-i/, Aufruf 29. Januar 2021

312 https://www.hessenschau.de/panorama/ sowie Annette Ramelsberger: Nur der Hass ist echt, Süddeutsche Zeitung vom 29. Januar 2021, S. 3 sowie prozess-blog-mordfall-luebcke-

104~_p-2.html#ae005659-6478-471b-b53f-15dba267abf4, Aufruf 9. Januar 2021 sowie https://www.hessenschau.de/panorama/prozess-blog-mordfall-luebcke-104.html, Aufruf 9. Januar 2021

313 https://www.belltower.news/der-antise https://www.idz-jena.de/fileadmin/user_upload/Gutachten_OEZ_M%C3%BCnchen_MQuent.pdfmitismus-des-nsu-sichtbarmachung-und-verortung-im-kontext-rassismus-und-antisemitismuskritischer-bildungsarbeit-47978/, Aufruf 2. Januar 2021

314 Steinke, Ronen (2020), S. 19 ff. sowie Mair, Birgit (2020), Internetseite: https://www.isfbb.de/download/AntisemitismusDeutschlandSyrien_BirgitMairISFBB.pdf, S. 3, Aufruf 19. Januar 2021

315 https://www.mdr.de/nachrichten/politik/regional/terroranschlag-in-halle-synagoge-opfer-vater-interview-trauer-100.html, Aufruf 15. Januar 2021 sowie https://www.zeit.de/gesellschaft/zeitgeschehen/2019-10/anschlag-halle-helmkamera-stream-einzeltaeter?utm_referrer=https%3A%2F%2Fwww.bing.com%2F, Aufruf 28. Januar 2021 sowie https://www.mdr.de/sachsen-anhalt/halle/halle/anschlag-halle-zwoelfter-prozesstag-vater-von-kevin-s-sagt-vor-gericht-aus-100.html, Aufruf 15. Januar 2021

316 Internetbotschaft des Täters, Archiv der Verfasserin

317 https://www.mdr.de/sachsen-anhalt/halle/halle/prozessbeginn-in-magdeburg-das-sind-die-opfer-des-halle-anschlags-100.html, Aufruf 29. Januar 2021

318 https://www.tagesspiegel.de/politik/nebenklaeger-nach-dem-urteil-gegen-halle-attentaeter-wir-pruefen-ob-wir-revision-einlegen/26739338.html, Aufruf 2. Januar 2021

319 Aus einer Internetbotschaft des Täters, Archiv der Verfasserin

320 Aus einer Videobotschaft des Täters von Hanau: „Your country ist under control of invisible secret societies (…) In your country exists (…) deep underground military basis (…) They abuse, torture and kill little children (..) Wake up. (…) Turn off the mainstream media (…) fight now"; Übersetzung: Amerika werde von geheimen Mächten beherrscht. Diese würden in Militäreinrichtungen Kinder misshandeln, foltern und töten. Man solle aufwachen und die Mainstream-Medien ausschalten und kämpfen, Video im Archiv der Verfasserin sowie https://www.tagesschau.de/investigativ/hanau-video-101.html, Aufruf 19. Januar 2021

321 https://www.hessenschau.de/gesellschaft/100-tage-nach-anschlag-von-hanau-bohrende-fragen-fehlende-antworten,hanau-100tage-ermittlungen-100.html, Aufruf 31. Januar 2021

322 vgl. Rede von Birgit Mair anlässlich des ersten Jahrestages des rassistischen Terrors in Hanau auf einer Kundgebung am 19. Februar 2021 in Nürnberg. Internetseite: https://www.nazistopp-nuernberg.de/download/Rede_zu_Hanau_19.2.21_Nuernberg.pdf

323 Presseinformation der Stadt Hanau vom 4. März 2020, Informationen für akkreditierte Medien, Archiv der Verfasserin

324 Telefonat der Verfasserin mit einer Vertreterin der „Bildungsinitiative Ferhat Unvar" am 1. Februar 2021. Die Bildungsinitiative wurde von der Mutter des Hanauer Mordopfers Ferhat Unvar gegründet. Internetseite: https://www.bildungsinitiative-ferhatunvar.de/

325 https://www.fachkommission-integrationsfaehigkeit.de/fk-int/themen/migrationshintergrund, Aufruf 7. Februar 2021

326 Presseinformation der Stadt Hanau vom 4. März 2020, Informationen für akkreditierte Medien, Archiv der Verfasserin

327 Rede der Schwester von Said Nesar Hashemi am 4. März 2020 in der Stadthalle Hanau, O-Ton-Mitschnitt im Archiv der Verfasserin

328 Ebd.

329 Rede der Schwester von Hamza Kenan Kurtović am 4. März 2020 in der Stadthalle Hanau, O-Ton-Mitschnitt im Archiv der Verfasserin

330 Ebd.

331 Ebd.

332 https://19feb-hanau.org/2021/01/19/am-19-februar-ist-der-rassistische-anschlag-in-hanau-ein-jahr-her/, Aufruf 29. Januar 2021

333 Telefonate der Verfasserin mit Gavriil Voulgaridis am 18. und 19. Januar 2021 sowie E-Mail von Gavriil Voulgaridis an die Verfasserin vom 19. Januar 2021

334 Ebd.

335 Ebd.

336 Telefonat der Verfasserin mit Abdulkerim Şimşek am 21. Juli 2020

337 Telefonat der Verfasserin mit Semiya Şimşek am 7. Dezember 2020

338 Von Mehmet O. an die Verfasserin geschicktes Video, Archiv der Verfasserin

339 Telefonat der Verfasserin mit Abdulkerim Şimşek am 5. Januar 2021

340 https://www.welt.de/regionales/hessen/article226687633/Hanau-Familie-Luebcke-spricht-Angehoerigen-Mitgefuehl-aus.html, Aufruf 19. Februar 2021

341 O-Ton der Rede der Witwe von Theodoros Boulgarides im Archiv der Verfasserin

342 Abdulkerim Şimşek im Rahmen der Ausstellungseröffnung „Die Opfer des NSU und die Aufarbeitung der Verbrechen" am 21. September 2017 im Aktiven Museum Spiegelgasse Wiesbaden

Kontinuierliche Bildungsarbeit gegen Neonazismus und Rassismus seit 2004

Mehr als dreihundert Menschen lauschten 2019 bei einer ISFBB-Veranstaltung in Nürnberg den Berichten der letzten Zeugen des Holocaust (Foto: Roland Sauer)

Das Institut für sozialwissenschaftliche Forschung, Bildung und Beratung (ISFBB) e.V. wurde im Jahr 2004 in Nürnberg gegründet und hat zahlreiche Projekte gegen Neonazismus, Rassismus und Antisemitismus durchgeführt. Wir waren Teil eines internationalen Forschungsprojekts zur Dokumentation der Lebensgeschichten ehemaliger Zwangs- und Sklavenarbeiter des Instituts für Geschichte und Biographie der Fernuniversität Hagen. 2006 organisierten wir eine deutsch-polnische Jugendbegegnung zum Thema „Rechtsextremismus in Deutschland und Polen". Ein Schwerpunkt unserer Arbeit ist und war die Begleitung von Holocaust-Überlebenden an Schulen, das Dokumentieren und Veröffentlichen ihrer Geschichten. Josef Jakubowicz, Franz Rosenbach, Hans Rosenfeld, Jakob Rosenthal, Hugo Höllenreiner, Fritz Pilz, Siegfried Heilig und Eva Rößner sind nur einige von ihnen. Sie sind zwischenzeitlich verstorben. Ihr Vermächtnis aber werden wir weitertragen. Unser Anliegen für die nächsten Jahre ist es, den letzten Zeugen der Shoah eine Stimme zu geben. Seit 2020 führen wir die Zeitzeugengespräche mit den Auschwitz-Überlebenden Eva Franz und Esther Bejarano sowie dem Theresienstadt-Überlebenden Ernst Grube online durch.

Weitere Informationen: www.isfbb.de

SPENDEN

Das ISFBB ist ein eingetragener Verein, der als gemeinnützig anerkannt und nicht institutionell gefördert ist. Mit Ihrer Spende unterstützen Sie unsere Bildungsarbeit gegen Neonazismus und Rassismus.

Kontoverbindung:

ISFBB e.V.
Bank für Sozialwirtschaft München
IBAN: DE10700205000008893000
BIC: BFSWDE33MUE

Mögliche Verwendungszwecke:
Spende / Die letzten Zeugen / NSU-Aufklärung / Refugees welcome

Birgit Mair, Diplom-Sozialwirtin (Univ.)

Die Ausstellungsmacherin

Birgit Mair wurde 1967 als Kind einer deutschen Mutter und eines österreichischen Vaters in Österreich geboren und wuchs in Oberperfuss in Tirol auf. Dass in ihrem Heimatort und in der Region um Innsbruck im Jahr 1945 die transnationale Widerstandsaktion „Greenup" stattgefunden hatte, erfuhr die Holocaust-Forscherin erst Jahrzehnte später. Dass die Operation Greenup auch durch Verwandte unterstützt wurde, wusste sie ebenfalls lange nicht.

Nach ihrem Umzug nach Nürnberg im Jahr 1986 war sie bei der Stadt Nürnberg im Presse- und Informationsamt und als Vertrauensperson der ausländischen Beschäftigten tätig. In den 1990er Jahren betreute sie die Ausstellung „Faszination & Gewalt – Nürnberg und der Nationalsozialismus". Während ihres Studiums unterrichtete sie im Internationalen Frauen- und Mädchenzentrum Nürnberg Deutsch als Fremdsprache.

2001 absolvierte sie als Mutter einer kleinen Tochter das Studium der Sozialwissenschaften an der Universität Erlangen-Nürnberg. Die Diplom-Sozialwirtin (Univ.) ist Mitbegründerin des Instituts für sozialwissenschaftliche Forschung, Bildung und Beratung (ISFBB e.V.), für das sie seit 2004 zahlreiche Projekte gegen Neonazismus und Rassismus organisierte. Neben dreihundert Zeitzeugengesprächen mit Holocaust-Überlebenden konzipierte sie mehrere Ausstellungen. Von 2009 bis 2012 leitete sie das Projekt „Tacheles! Handlungsstrategien gegen Rechtsextremismus". Seit mehr als zehn Jahren arbeitet sie außerdem als Bildungsreferentin für das BayernForum der Friedrich-Ebert-Stiftung sowie seit einigen Jahren auch für die Georg-von-Vollmar-Akademie in Kochel am See sowie die Akademie Frankenwarte in Würzburg. In den Jahren 2012 und 2013 beobachtete sie den bayerischen NSU-Untersuchungsausschuss und konzipierte die Ausstellung „Die Opfer des NSU und die Aufarbeitung der Verbrechen". Seit 2015 leitet sie das Projekt „Refugees welcome" und hält gemeinsam mit Geflüchteten Vorträge an Schulen. Zuletzt fanden ihre Vorträge infolge der Corona-Pandemie vor allem online statt.

Weitere Informationen:
www.isfbb.de
www.opfer-des-nsu.de

Ausgewählte Publikationen und Beiträge von Birgit Mair:

Überlebensberichte von Josef Jakubowicz – eine biographische Analyse. Nürnberg 2006

Zwei Kriege überlebt – Bosnische Roma als Bürgerkriegsflüchtlinge in Deutschland in: Hitlers Sklaven – lebensgeschichtliche Analysen zur Zwangsarbeit im internationalen Vergleich. Hg. von Plato, Alexander / Leh, Almut / Tonfeld, Christoph. Wien / Berlin 2008, Englischsprachige Ausgabe: Hitlers Slaves, New York 2010

Strategien gegen Neonazismus und Rassismus unter besonderer Berücksichtigung der Jugendarbeit. Nürnberg, 2012

Die Opfer des NSU und die Aufarbeitung der Verbrechen – Begleitband zur Ausstellung, Erste Auflage Nürnberg 2013

Pegida Nürnberg – Analyse der Redeinhalte, Nürnberg 2015

Extreme Rechte und Rassismus in Bayern – Eine Bestandsaufnahme und was wir dagegen tun können. Hg. Bayerisches Seminar für Politik, München 2018

Die letzten Zeugen – Meine Arbeit mit Holocaust-Überlebenden an Schulen, Nürnberg 2019

Messerschmittwerk Kematen – ZwangsarbeiterInnen und Kriegsgefangene in einer Tiroler Gemeinde". Der Artikel ist in russischer Sprache in folgendem Buch erschienen: Timofeeva, N. (Hrg.) Zwangsarbeit 1939-1945. Erfahrung eines internationalen Projektes. Verlag Wissenschaftliches Buch, Woronesch 2020

Aspekte des Antisemitismus in Deutschland und Syrien – Ein Streifzug durch die Geschichte, Der Aufsatz ist in deutscher und arabischer Sprache erschienen, Nürnberg 2020

Sieben Jahre Wanderausstellung

„Die Opfer des NSU und die Aufarbeitung der Verbrechen"

Einkaufszentrum City-Carré
Magdeburg 2014 (Foto: Birgit Mair)

Birgit Mair und der Bruder des Hamburger
Mordopfers bei der Ausstellungseröffnung
in der Volkshochschule Wuppertal
(Foto: Frederieke Bergmann 2018)

In den ersten sieben Jahren ihres Bestehens wurde die Ausstellung bundesweit an mehr als 220 Einrichtungen gezeigt. Die Präsentationsorte waren Schulen, Landratsämter, Rathäuser, Landtagsgebäude, Gewerkschaftshäuser, Universitäten, KZ-Gedenkstätten, Kirchen, eine Moschee, ein Polizeipräsidium sowie mehrere Polizeiakademien und ein Einkaufszentrum. Hunderttausend Besucherinnen und Besucher waren zu verzeichnen, das Medienecho war außerordentlich positiv.

An bisher 32 Schulen wurden insgesamt 515 junge Menschen zu Schülercoaches ausgebildet. Diese führten ihre Mitschülerinnen und Mitschüler dann eigenständig durch die Ausstellung und beantworteten deren Fragen.

Bürgerhaus Burghausen 2015 (Foto: Birgit Mair)

Hessischer Landtag 2016
(Foto: Hessischer Landtag, Kanzlei)

Gewerkschaftshaus Nürnberg 2013 (Foto: Privat)

Angehörige der Ermordeten und Überlebende der Mordanschläge beteiligten sich am Ausstellungsgeschehen

In Fürth, Hamburg, Köln, Kassel, München, Nürnberg, Wuppertal und Wiesbaden besuchten Angehörige der Ermordeten und Überlebende der Mordanschläge Veranstaltungen rund um die Ausstellung. Einige von ihnen fanden die Kraft, sich in diesem Rahmen öffentlich zu äußern. So hielt der Vater von Halit Yozgat im Rahmen der Ausstellungseröffnung im Frühjahr 2014 im Kasseler Rathaus eine bewegende Rede. Im September 2017 erinnerte in Wiesbaden Abdulkerim Şimşek auf dem Podium an seinen Vater, den 2000 in Nürnberg ermordeten Enver Şimşek. Der Bruder des in Hamburg ermordeten Süleyman Taşköprü kritisierte im April 2018 auf einer Veranstaltung in Wuppertal die unzulängliche Aufklärung der NSU-Verbrechen. Mehmet O., der als 18-Jähriger den ersten NSU-Bombenanschlag in Nürnberg überlebt hatte, beteiligte sich an mehreren Podiumsdiskussionen im Rahmen der Ausstellung in seiner ehemaligen Heimatstadt Nürnberg und in der Nachbarstadt Fürth.

Hagen · Ludwigshafen · Kassel · Dresden · Remscheid · Weißenburg in Bayern · Aschersleben · Pegnitz · Neustadt an der Aisch · Crailsheim · Kaiserslautern · Rattingen · Bochum · Falkensee · Wiesbaden · Lübeck · Regensburg · Herford · Offenbach · Kiel-Altenholz · Rotenburg/Wümme · Münchberg · Schwerin · Bad Segeberg · Cottbus-Senftenberg · Ahlen · Schleswig · Gevelsberg · Darmstadt · Germersheim · Laut an der Pegnitz · Oranienburg · Birgittaielen · Neuendettelsau · Karlsruhe · Heilbronn · Raunheim · Minden · Stendal · Anklam · Nienburg · München · Düsseldorf · Bad Segeberg · Worms · Rüsselsheim · Wetzlar · Potsdam · Schweinfurt · Frankfurt · Bayreuth · Ansbach · Bensheim · Kolbermoor · Bremen · Main · Traunreut · Rastede · Siegen · Jena · Kiel · Schwetzingen · Erfurt · Dortmund · Gütersloh · Greifswald · Unna · Lemgo · Hünfeld · Oldenburg · Herten · Köln · Berlin · Hannover · Chemnitz · Neckar · Heidelberg · Wörth am Rhein · Mitte · Hof · Stralsund · Coburg · Mainz · Großräschen · Barglehheide · Olching · Illertissen · Weimar · Lörrach · Schwäbisch-Hall · Flensburg · Dillenburg · Stuttgart · Forchheim · Zwickau · Wuppertal · Göttingen · Bremerhaven · Lüneburg · Nürnberg · Ahrensburg · Neckerenz · Delmenhorst · Erlangen · Rostock · Neuburg an der Donau · Freiburg im Breisgau · Fürth in Bayern · Husum · Siegen-Weidenau · Erftstadt-Liblar

| Präsentationsorte der Ausstellung |

Informationen zur Ausstellung „Die Opfer des NSU und die Aufarbeitung der Verbrechen"

Die bilderreiche Ausstellung setzt sich mit den Verbrechen des NSU in den Jahren 1999 bis 2011 und deren gesellschaftlicher Aufarbeitung auseinander.

Im ersten Teil der Ausstellung werden die Biografien von Enver Şimşek, Abdurrahim Özüdoğru, Süleyman Taşköprü, Mehmet Turgut, Habil Kılıç, İsmail Yaşar, Mehmet Kubaşık, Theodoros Boulgarides, Halit Yozgat und Michèle Kiesewetter dargestellt. Weitere Tafeln beschäftigen sich mit den Bombenanschlägen in Nürnberg und Köln sowie den Banküberfällen, bei denen unschuldige Menschen teilweise lebensbedrohlich verletzt wurden.

Der zweite Teil beleuchtet das Netzwerk des NSU. Verbindungen neonazistischer V-Leute verschiedener Verfassungsschutzbehörden mit den bisher Verurteilten werden skizziert. Analysiert werden auch die Gründe, warum die Mordserie lange nicht aufgedeckt wurde sowie der gesellschaftspolitische Umgang mit dem Themenkomplex. Auch Angehörige der Ermordeten kommen zu Wort. Eltern, Kinder und Witwen berichten von der Zeit vor und nach dem Auffliegen des NSU, kommentieren den Münchner NSU-Prozess und unterziehen die bisherige Aufklärung einer kritischen Beurteilung.

Der dritte Teil der Ausstellung beschäftigt sich mit weiteren rechten Gewalttaten, insbesondere mit dem rechten Terror nach der Selbstenttarnung des NSU und beleuchtet die Perspektive von Angehörigen der NSU-Mordopfer auf die erneuten rassistischen Morde in München, Halle und Hanau.

Eröffnungsvortrag durch Birgit Mair und begleitende Bildungsangebote

Die Ausstellung wird mit einem Vortrag von Ausstellungsmacherin Birgit Mair eröffnet. Anhand eines bilderreichen Powerpoint-Vortrags stellt sie das Ausstellungsprojekt vor und geht auf aktuelle Entwicklungen rechter Gewalt sowie den Umgang mit Neonazismus und Rassismus nach dem Auffliegen des NSU ein. Im Anschluss besteht die Möglichkeit für Fragen aus dem Publikum.

Als zusätzliche Angebote können **Führungen** sowie **Vorträge oder Workshops** zum Themenkomplex NSU sowie zu aktuellem Neonazismus und Rassismus in Deutschland und Handlungsstrategien dagegen angeboten werden. Wir bieten **Schülercoach-Ausbildungen** an, die Jugendliche dazu befähigen, selbstständig durch die Ausstellung zu führen.

Die Ausstellung im Heuson-Museum Büdingen (Foto: Birgit Mair, 2016)

Aktuelle Informationen zu Platzbedarf,

Preisen und dem pädagogischen

Begleitprogramm erhalten Sie auf

der Internetseite: **www.opfer-des-nsu.de**

Danksagungen

Ohne das Mitwirken von Angehörigen der Ermordeten und vielen anderen wäre das Projekt in der vorliegenden Form nicht realisierbar gewesen.

Allen voran danke ich Semiya und Abdulkerim Şimşek, den Kindern des ersten NSU-Mordopfers, die seit Jahren meine vielen Fragen beantworten sowie Gavriil Voulgaridis, dem Bruder des Münchner Mordopfers und den Geschwistern von Süleyman Taşköprü. Sie haben noch einmal in alten Familienalben gestöbert und berührende Fotos beigesteuert. Auch freue ich mich, dass Mehmet O., der den ersten NSU-Bombenanschlag in Nürnberg überlebt hat, für gemeinsame Veranstaltungen wieder in seine Geburtsstadt zurückgekehrt ist. Vielen Dank auch an den Kollegen von Michèle Kiesewetter, der den Mordanschlag überlebt hat und der sich beteiligt hat. Dem Sohn von İsmail Yasar, der nach den Urteilen im NSU-Prozess im Jahr 2018 auf mich zukam, danke ich sehr für seine Erinnerungen an den ermordeten Vater. Ali Toy, dem ehemaligen Angestellten des ersten NSU-Mordopfers danke ich für den Einblick in sein privates Archiv und die regelmäßigen Informationen über Zerstörungen am Gedenkort in Nürnberg. Vielen Dank an Frau Kiesewetter und Frau Özüdoğru sowie deren Anwälte für die Mitarbeit bei der ersten Auflage dieses Begleitbandes, an Frau Kılıç, Elif und Gamze Kubaşık und ihre Anwälte sowie die Rechtsanwälte der Familien Turgut und Kiesewetter für die Mithilfe bei der Aktualisierung des Begleitbandes.

Mein Dank geht auch an Ombudsfrau Barbara John und ihren Mitarbeiter in Berlin für das Herstellen von Kontakt zu Angehörigen. Ein weiterer Dank geht in diesem Zusammenhang an das Menschenrechtsbüro der Stadt Nürnberg und die Opferberatungsstelle before in München.

Ohne die ehrenamtliche Mitarbeit vieler engagierter Menschen hätte ich den Begleitband nicht realisieren können. An dieser Stelle ein herzliches Dankeschön an Ralph Dobratz für die grafische Gestaltung der Ausstellung, Anna Heinze-Lahçalar für die Übersetzungen aus dem Türkischen, Ele Konz, Dani Kardaus, Stefan Ueltzen und Leonhard F. Seidl für das ehrenamtliche Lektorat, Leon Schwartz und Xaxi für die Recherchearbeiten sowie natürlich an meine Familie für die Unterstützung. Danke an die Fotografinnen und Fotografen sowie die Zeitungen, die uns Bildmaterial oder Dokumente unentgeltlich oder kostengünstig zur Verfügung gestellt haben. Ihre Namen finden sich, sofern sie es wünschten, neben den entsprechenden Bildern.

Bedanken möchte ich mich beim antifaschistischen Projekt NSU-Watch für die Veröffentlichung der

Protokolle des NSU-Prozesses. Gedankt sei Marcus Buschmüller und Robert Andreasch vom a.i.d.a.-Archiv in München, Jonas Miller vom Bayerischen Rundfunk, den Fotografen Rüdiger Löster und Roland Sauer, Eckart Dietzfelbinger, dem ehemaligen Mitarbeiter des Dokumentationszentrums Reichsparteitagsgelände Nürnberg, Kutlu Yurtseven und den Initiativen „Keupstraße ist überall" und „Herkesin Meydanı - Platz für alle" in Köln, den Aktiven des Tribunals „NSU-Komplex auflösen" für Kontakte zu Überlebenden des Kölner Nagelbombenanschlags, Fritz Burschel, dem Bündnis „Tag der Solidarität - Kein Schlussstrich Dortmund", Jan Nowak von der Mobilen Beratung gegen Rechtsextremismus in Bayern und Hannah Zimmermann vom Projekt „Offener Prozess" aus Chemnitz für den fachlichen Austausch, Aysun Bademsoy für ihren berührenden Film und die Zusammenarbeit und nicht zuletzt der Holocaust-Überlebenden Esther Bejarano für ihren antifaschistischen Zwischenruf.

Gedankt sei Antonio Atzeni aus Nürnberg für sein Kunstwerk „Die Integrierten", Alexander Hoffmann für den anwaltlichen Blick, den Rechtsanwältinnen und Rechtsanwälten Sebastian Scharmer, Seda Başay-Yildiz und vielen anderen Nebenklagevertreterinnen und -vertretern, die hier nicht namentlich genannt werden.

Vielen Dank an Ibrahim Arslan, den Überlebenden des rassistisch motivierten Brandanschlags in Mölln für seinen unermüdlichen Einsatz für Betroffene rechter Gewalt und seine Rückmeldungen, die Bildungsinitiative Ferhat Unvar in Hanau für die Rückmeldungen sowie Jana Müller aus Dessau für die Vernetzungsarbeit. Ein Dank an die Familie Lübcke für ihre Beteiligung und das Foto. Ich bin sicher, dass ich einige vergessen habe, aber acht Jahre Ausstellungserstellungsprozess sind ein langer Zeitraum. Auch ihnen sei gedankt.

Mehr als zweihundert Mal wurde die Ausstellung im Zeitraum von 2013 bis 2020 gezeigt. Vielen Dank an alle, die dies ermöglicht und damit einen Beitrag geleistet haben, dass dieses traurige Kapitel deutscher Nachkriegsgeschichte nicht in Vergessenheit gerät und die Perspektive der Opfer weitergegeben wurde.

Birgit Mair, Ausstellungsmacherin
Nürnberg, 25. Februar 2021

Das Projekt wurde gefördert von:

Die Erstauflage wurde gefördert von:

HANSESTADT ROSTOCK

Landeshauptstadt München
Kulturreferat

ibs
Info- und Bildungsstelle
gegen Rechtsextremismus

*Bildungs- und Förderungswerk
der GEW im DGB e.V.*

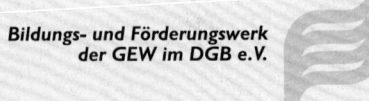

AMADEU ANTONIO STIFTUNG
INITIATIVEN FÜR ZIVILGESELLSCHAFT UND DEMOKRATISCHE KULTUR

Die vorliegende 5. erweiterte Auflage im Jahr 2021 wurde gefördert von:

Bezirk Mittelfranken — **ver.di**

Der Kreis Groß-Gerau

Grüne Liste Erlangen

bildungsstätte anne frank
Zentrum für politische Bildung
und Beratung Hessen

HANSESTADT ROSTOCK

RASSISTEN werden hier nicht bedient!
Regensburger Gastronomen
zeigen Zivilcourage
Initiative KEINE BEDIENUNG FÜR NAZIS

BÜRGER BEWEGUNG *für* MENSCHEN WÜRDE IN MITTELFRANKEN e.V.

Netzwerk gegen Rechtsextremismus und Rassismus
Aktiv für Demokratie
Der Kreis Groß-Gerau

FÜRTHER BÜNDNIS GEGEN RECHTSEXTREMISMUS UND RASSISMUS

Initiativkreis 8.Mai Langenau

Uelzener Bündnis gegen *rechts*

Bildungs- und Förderungswerk der GEW im DGB e.V.

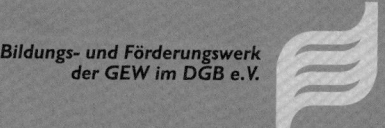

DIE LINKE.
Verein der Bundestagsfraktion

GEW

Gewerkschaft
Erziehung und Wissenschaft
Kreisverband Nürnberg

Landeshauptstadt
München
Kulturreferat

HERZ statt HETZE
NECKAR-ODENWALD-KREIS

Nürnberg

SPD

Landkreisbündnis
gegen Rechts
Weißenburg-Gunzenhausen

bunt statt braun!
Forchheim
Forchheimer Bündnis gegen Rechtsextremismus und Rechtsradikalismus

ibs
Info- und Bildungsstelle
gegen Rechtsextremismus

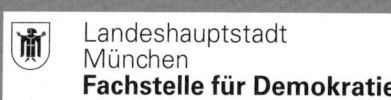

Landeshauptstadt
München
Fachstelle für Demokratie

145

Anfragen und Buchung:

Institut für sozialwissenschaftliche Forschung, Bildung und Beratung (ISFBB) e.V.
Rennweg 60
90489 Nürnberg, Germany

Phone: 0049 (0)911 / 54 055 934
Fax: 0049 (0)911 / 54 055 935

E-Mail: info@isfbb.de

www.isfbb.de

www.opfer-des-nsu.de

Spenden

Wir freuen uns, wenn Sie unsere Arbeit mit einer Spende unterstützen. Auf Wunsch können wir eine Spendenbescheinigung ausstellen. Spenden sind steuerlich absetzbar.

Überweisung an:
ISFBB e.V. – Stichwort Spende
Bank für Sozialwirtschaft München
IBAN: DE10700205000008893000
BIC: BFSWDE33MUE